LE SUPER-ÉTAT EUROPÉEN
Le coup d'État des entreprises internationales

Une analyse complète des documents politiques de l'Union européenne, de l'Organisation mondiale de la santé et de nos gouvernements

Mayra Publications

Collectif d'auteurs de Robin de Ruiter

LE SUPER-ÉTAT EUROPÉEN
Le coup d'État des entreprises internationales

Une analyse exhaustive des documents politiques de l'Union européenne, de l'Organisation mondiale de la santé et de nos gouvernements

Titre original : *The European Superstate - The coup by International Business: A comprehensive analysis of policy documents from the Europe-an Union, the World Health Organisation and our governments*

Année de publication : 2026
Couverture : Marjan Lesnik
Éditeur : Mayra Publications
Dépôt légal au Mexique
ISBN : 978-90-8366-090-5

Sommaire

« Il n'y a pas de pouvoir politique sans pouvoir économique. Il n'y a pas de pouvoir économique sans objectif politique et culturel »

Mémorandum du gouvernement français

« Nous prenons une décision, nous la rendons publique, puis nous attendons un certain temps pour voir ce qui se passe. Si aucune protestation majeure ni émeute ne se produit, car la plupart des gens ne comprennent pas ce qui a été décidé, alors nous continuons, étape par étape, jusqu'à ce qu'il n'y ait plus de retour en arrière possible. »

Jean-Claude Juncker, ancien Premier ministre du Luxembourg et président de la Commission européenne

« Le droit de l'Union, et en particulier le droit communautaire, est désormais si vaste et si complexe qu'il est difficile d'en exposer les «principes fondamentaux» dans un délai raisonnable. »

René Barends et le professeur Laurens Jan Brinkhorst

Avant-propos

Nous entendons régulièrement dans les médias que, dans les années à venir, nous pourrions être confrontés à des problèmes que de plus en plus de personnes considèrent comme menaçants : une crise de la dette, une vague de faillites, un éventuel chômage et la vaccination obligatoire.

La pénurie de logements s'aggrave et, en raison de la spéculation avec des capitaux nationaux et étrangers, les logements deviennent inabordables.

À cela s'ajoutent une bureaucratie étouffante, l'immigration, les problèmes environnementaux, des soins de santé inabordables et une dépendance totale à l'égard des systèmes informatiques dans presque tous les domaines.

Les conditions de travail pour lesquelles nous nous sommes battus pendant de nombreuses années disparaissent et sont remplacées par des emplois subalternes.

Les forces centrifuges qui brassent la main-d'œuvre, l'argent et les marchandises à une vitesse toujours plus grande (via les boutiques en ligne) causent des problèmes à la machine économique. La machine commence à se gripper à mesure que des pièces s'envolent.

Ce qui est frappant, c'est à quel point la politique est désormais étroitement liée au commerce international. Il est impossible de déterminer qui a des intérêts où.

Année après année, nous assistons à un jeu d'ombres mené par des politiciens qui, pour une raison ou une autre, sont incapables de résoudre les problèmes. Au contraire, la pression ne semble faire que s'intensifier. Tout devient plus cher et les listes d'attente s'allongent.

Après le début de la crise du coronavirus, de nombreuses mesures restrictives ont été introduites, qui se sont souvent révélées contradictoires et ont coûté leur gagne-pain à de nombreuses entreprises.

Dans ce contexte, la détermination soudaine dont ont fait preuve les responsables politiques pour conclure des contrats avec l'industrie pharmaceutique internationale est d'autant plus frappante. Un ministre a signé un contrat de plusieurs centaines de millions d'euros alors que les vaccins étaient encore en cours de développement. Cela s'est déroulé presque sans encombre.

L'Union européenne est ensuite allée plus loin. Plusieurs contrats ont été conclus et l'argent n'était pas un problème. Ils étaient pressés. Pour des raisons pratiques, les tests sur les animaux de laboratoire visant à détecter la présence de substances potentiellement nocives dans les vaccins ont été supprimés. Nous saurions plus tard si tout cela fonctionnerait.

Le règlement (UE) 2020/1043 du 15 juillet 2020 a également contourné la réglementation existante sur les organismes génétiquement modifiés en prévoyant une exception pour les produits liés à la lutte contre le virus (Journal officiel de l'Union européenne, JO 231/12, du 17 juillet 2020).

Les politiciens, les entreprises internationales et les médias travaillent ensemble pour maintenir tout le monde sur la voie de l'objectif ultime du salut par la vaccination.

Ces trois groupes obéissent aux lois du marché libre, qui ne sont pas fondées sur des considérations morales.

Alors pourquoi la vaccination devrait-elle être totalement transparente ? Pourquoi les entreprises pharmaceutiques internationales sont-elles soudainement dignes de confiance à 100 % ?

Les gens ont-ils oublié les informations trompeuses diffusées par l'Organisation mondiale de la santé et les autorités politiques concernant la soi-disant grippe aviaire et la grippe porcine ? Les mêmes stratégies sont à nouveau utilisées pour la pandémie actuelle.

Sur le marché « libre », la manipulation, la tromperie et la fixation des prix sont monnaie courante, tout comme le contrôle politique exercé par de puissants lobbies aux moyens financiers considérables.

Il n'y a aucune raison de croire que les fabricants de vaccins sont plus dignes de confiance que les autres entreprises internationales. Et cela est inquiétant. Ils ne sont pas irréprochables. Les questions abordées dans cet ouvrage ne contribuent pas à instaurer la confiance.

Tout d'abord, les questions sont politisées, puis les lobbyistes des entreprises peuvent s'impliquer, comme c'est actuellement le cas avec la crise du coronavirus.

Un examen des rapports annuels d'entreprises telles que le laboratoire pharmaceutique AstraZeneca révèle qu'entre un quart et un tiers de ces entreprises sont basées en Chine.

Les préoccupations politiques concernant la dépendance à l'égard de la production chinoise sont donc incompréhensibles. Il est plus probable que les politiciens facilitent consciemment ou inconsciemment les activités de ces entreprises que l'inverse.

Les documents et publications mentionnés dans cet ouvrage démontrent que les évolutions qui influencent notre vie quotidienne, telles que la numérisation, l'automatisation, les infrastructures et les réseaux comme la 5G et bientôt la 6G, échappent presque toujours au contrôle démocratique. Ces évolutions se poursuivent indépendamment de la composition du parlement et de ce que ses membres en savent.

Alors que des accords de coopération sont conclus au plus haut niveau avec la Chine, les niveaux inférieurs sont amenés à croire qu'ils participent au processus décisionnel.

Lorsque les questions parviennent au parlement, le processus est déjà irréversible. Cela s'applique à presque tout ce qui concerne les affaires mondiales, y compris la 5G.

Le règlement (UE) 2020/1043 est justifié à l'article 4 par la remarque suivante :

« Le présent règlement s'applique tant que l'OMS maintient sa déclaration selon laquelle la maladie à coronavirus (Covid-19) est une pandémie ».

En d'autres termes, l'OMS déclare une pandémie et, grâce à ce règlement, cela a un effet direct sur notre législation nationale.

Les scientifiques et les politiciens adhèrent à ce discours en raison du risque d'atteinte à leur réputation et de perte de prestige. Les médias sont puissants et omniprésents.

Depuis des années, l'Union européenne élabore des politiques visant à lutter contre la « désinformation en ligne » et la « réticence à la vaccination ».

Il est remarquable de constater que l'Union européenne s'est pleinement engagée dans la politique de vaccination en collaboration avec l'OMS depuis des décennies.

Les questions médicales ont été politisées à l'échelle mondiale par l'intermédiaire de l'OMS. Les intérêts publics et privés se sont entremêlés et échappent au contrôle démocratique.

Cela résulte en partie d'un certain nombre d'évolutions au niveau européen qui sont passées inaperçues.

Depuis 1986, nous avons un « Conseil européen » qui gouverne avec un mandat divin, dans la plus pure tradition chinoise.

Il n'y a rien de nouveau à ce que les contrats signés par les ministres et l'UE avec l'industrie pharmaceutique n'aient pas été rendus publics au départ et que l'e n'ait donc pas fait l'objet d'un contrôle démocratique. Une fois signés, il n'y a pas de retour en arrière possible.

La situation est similaire à la manière dont les plans d'urbanisme sont élaborés... les citoyens n'ont jamais accès aux accords privés conclus entre le conseil municipal et les promoteurs immobiliers. L'aménagement du territoire est également gardé sous clé.

La raison de ce secret est la position de négociation. En d'autres termes, il existe des intérêts dont nous ne sommes pas autorisés à connaître quoi que ce soit, mais dont nous subirons les conséquences. Il peut s'agir, par exemple, d'un immeuble d'appartements juste en face de notre maison, ou d'une seringue dont l'origine, le contenu ou le contexte sont inconnus et qui nous est administrée dans le bras.

Les élites politiques, économiques et médiatiques se retirent de toute forme d'influence venant d'en bas, ce qui ne peut bien sûr pas être l'intention.

Il existe peut-être aujourd'hui un complexe médico-pharmaceutique au moins aussi influent que le « complexe militaro-industriel » identifié par le président Eisenhower.

Le citoyen moyen ne peut pas comprendre ce qui se passe.

Les développements se poursuivent sans que nous puissions exercer la moindre influence, et les politiciens nous nourrissent de promesses vides.

En matière de vaccination, on attend de nous que nous fassions implicitement confiance à ces personnes. Malheureusement, compte tenu de la situation dans laquelle nous nous trouvons, nous n'avons pas d'autre choix.

Nous devons trouver une alternative, comme la création d'économies locales fondées sur des intérêts communs et le partage des responsabilités.

L'autogestion des propriétés des associations de logement et la réforme du système monétaire pourraient rendre cela possible.

L'argent créé à partir de rien par des ordinateurs disparaît aujourd'hui dans la spéculation boursière et immobilière.

Nous pourrions peut-être reprendre le contrôle de nos vies, comme le prévoyaient à l'origine la loi sur le logement et le traité de Rome de 1957.

Nous pouvons réformer notre société sans causer de dommages, sans que personne ne fasse faillite ou ne se retrouve au chômage. Nous pouvons également laisser la bureaucratie derrière nous.

Nous pouvons également maîtriser les pandémies de manière acceptable.

Si nous parvenons à réformer le système monétaire, la réalisation des objectifs climatiques et l'arrêt de la destruction de la forêt tropicale seront à notre portée.

Les informations contenues dans cet ouvrage sont étayées par des documents politiques originaux et des publications de l'UE, de l'OMS et de notre propre gouvernement.

Le texte fait référence à ces documents et inclut les adresses web où ils peuvent être consultés.

Partie I

La situation actuelle en 2020

Jusqu'à présent, nous avons traversé une période exceptionnelle, sans perspective de résolution des problèmes :

- Confinements et rumeurs de confinements ;
- l'annonce d'une « nouvelle normalité » ;
- une « économie à 1,5 mètre » a été imposée ;
- les banques et les gouvernements fournissent un soutien monétaire sans précédent ;
- une nouvelle vague de coronavirus pourrait ou non survenir ;
- les réseaux 5G sont en cours d'activation.

Ces événements se déroulent plus ou moins simultanément et sont indirectement liés les uns aux autres.

Le lundi 27 juillet 2020, le directeur de la Fondation néerlandaise pour l'infrastructure numérique a été interrogé sur la question suivante dans l'émission de radio BNR « Doing business » (à 12 h 03, premières 5 minutes) :

« Pourquoi avons-nous réellement besoin de la 5G ? »

Réponse :

« Nous n'avons pas besoin de la 5G. La 5G est une évolution technologique. Elle est nécessaire à la numérisation, au développement économique et au progrès. L'offre crée une nouvelle demande. Une fois la technologie en place, des choses qui étaient auparavant impossibles deviennent possibles, ce qui conduit au renouveau, à l'innovation et au développement économique. »

En d'autres termes, les parties prenantes, telles que les entreprises internationales, initient de manière coordonnée des développements technologiques mondiaux, en contournant les citoyens qui n'ont aucune connaissance de ces développements, et encore moins de contrôle sur ceux-ci.

Ces développements nous sont présentés comme un processus autonome pour le bien et la gloire de l'humanité.

L'observation selon laquelle l'offre crée une nouvelle demande soulève également la question de savoir qui détermine l'offre.

Le 6 février 2020, la Chambre des représentants a tenu un débat sur la prochaine mise aux enchères des fréquences 5G (voir annexe I, n° 1).

Un député de l'Union chrétienne a posé la question suivante :

« La secrétaire d'État peut-elle indiquer dans sa réponse dans quels développements nous nous engageons réellement avec la mise aux enchères du réseau 5G ? Pourquoi est-ce important, non seulement pour l'économie, notre croissance ou notre position concurrentielle, mais aussi pour notre société, pour les citoyens ordinaires ? »

Réponse de la secrétaire d'État :

« Bon nombre des promesses que recèle la 5G doivent encore être développées. Je citerais, par exemple, les possibilités dans le domaine de l'agriculture de précision. Cette technologie permet de déterminer avec précision, à distance, la quantité d'eau nécessaire, par exemple. Il peut y en avoir trop ou trop peu. Je pourrais également mentionner l'utilisation de pesticides. Les drones utiliseront également cette technologie. Je pourrais également parler du contrôle des foules. Comme nous sommes de plus en plus nombreux, il est également important de pouvoir réagir rapidement et de manière adéquate aux incidents lors de grands événements. »

Le secrétaire d'État fait référence aux « événements majeurs » et au « contrôle des foules ». Il peut s'agir d'événements musicaux ou de manifestations de protestation, et cela pourrait donc être lié à l'« économie du mètre et demi » annoncée.

La communication directe entre les citoyens et le gouvernement a été façonnée par la numérisation et la fermeture des guichets et des bureaux depuis plusieurs décennies. Le gouvernement s'est de plus en plus retiré derrière un mur numérique, que le citoyen moyen ne pouvait franchir qu'avec l'aide des tribunaux s'il était suffisamment intelligent et éloquent.

À l'avenir, la communication entre le gouvernement et les citoyens se fera de plus en plus par le biais de la numérisation, notamment des applications, de la 5G, du contrôle des foules et des drones.

En collaboration avec des entreprises privées mondiales telles que Microsoft et Apple, le gouvernement se transforme en une autorité numérique qui contrôlera littéralement la liberté de mouvement et la vie privée des citoyens.

Cependant, notre constitution ne prévoit pas d'État numérique. Un État numérique n'a pas de droits fondamentaux.

Les citoyens sont de moins en moins capables de régler les choses entre eux et s'éloignent les uns des autres. Dans le même temps, ils deviennent de plus en plus dépendants de cet État numérique.

Cet État numérique est tout aussi insaisissable pour les représentants du peuple. Le pouvoir réel n'appartient plus au parlement. Néanmoins, après trente ans de numérisation effrénée par le gouvernement, il est désormais question de nommer un « ministre des affaires numériques ».

Quelle est l'importance d'une société numérique que ses membres ne peuvent comprendre et dans laquelle les gens perdent le contrôle de leur propre vie, et à qui profite-t-elle ?

Sous l'effet de la pandémie, le rythme de la numérisation s'est accéléré de manière exponentielle.

Il en va de même pour la pression exercée sur les droits fondamentaux, tels que l'intégrité physique (sous la forme de tests éventuels et de vaccination obligatoire) et l'inviolabilité du domicile (sous la forme de l'interdiction des « fêtes à domicile »).

Ces mesures pourraient inciter les citoyens à se rebeller, ce qui motiverait le gouvernement à resserrer les rênes par le biais de nouvelles lois et réglementations, qu'elles soient ou non en contradiction avec les droits fondamentaux.

La nouvelle « loi temporaire sur les mesures relatives au coronavirus » (voir annexe I, n° 2) en est un exemple.

« **De l'avis du gouvernement, ce projet de loi fournit une base solide pour les mesures appropriées qui pourraient s'avérer nécessaires dans la période à venir pour lutter contre l'épidémie** » (document parlementaire 35526, n° 3, p. 2).

La lettre du ministère de la Justice et de la Sécurité datée du 1er mai 2020 fait référence à « des instruments juridiques supplémentaires qui seront créés pour la prochaine phase de gestion de la crise ».

Elle mentionne également « une proposition contenant des principes de délégation pour des mesures supplémentaires, des mesures comportementales permanentes, la réglementation de la norme de 1,5 mètre dans la société et des règles de comportement pour se protéger contre le virus » (voir annexe I, n° 3).

Le projet de loi a été présenté par les ministres de la Santé, du Bien-être et des Sports, de la Justice et de la Sécurité, ainsi que de l'Intérieur et des Relations au sein du Royaume.

Les « principes de délégation » concernent les règlements ministériels et les « mesures administratives générales », qui remplaceront les règlements d'urgence critiqués pour leur violation des droits fondamentaux énoncés dans la Constitution.

Une fois qu'une loi a été adoptée par le Parlement, elle est inviolable en vertu de l'article 120 de la Constitution, qui interdit toute révision.

Si une loi adoptée est contraire à la Constitution, les citoyens ne peuvent intenter d'action en justice en raison de l'interdiction de révision.

La législation existante prévoit déjà des « pouvoirs d'urgence », tels que la loi sur la santé publique, la loi sur les régions de sécurité et la loi sur la coordination en cas de circonstances exceptionnelles.

Toutefois, le nouveau projet de loi confère des pouvoirs étendus au ministre. Par exemple, le ministre peut prendre des mesures en dehors du Parlement concernant le nombre maximum de personnes dans les groupes, les lieux publics qui peuvent ou non être ouverts, les événements qui peuvent ou non avoir lieu, l'accès aux établissements de santé ou aux maisons de retraite, la fermeture totale ou partielle des structures d'accueil pour enfants et les mesures d'hygiène.

En vertu de l'article 7 de la loi sur la santé publique, le ministre peut donner des instructions aux présidents des 25 régions de sécurité sur la manière de lutter contre le coronavirus au moyen des mesures prévues dans cette nouvelle loi (voir annexe I, n° 4).

Pour plus de clarté, les Pays-Bas sont divisés en 25 régions : régions de sécurité, GGD, police et pompiers.

Le projet de loi initial comprenait également l'article 58v, « Utilisation des ressources numériques », qui fait référence à l'application corona en tant qu'« application de notification ».

À la suite de critiques, notamment de la part du Conseil d'État, cet article a été retiré. Le communiqué de presse du Conseil d'État du 13 juillet 2020 indique :

« Le gouvernement envisage de réglementer cette question dans un projet de loi distinct. »

Cependant, le ministre de la Santé a annoncé sa décision d'introduire l'« application Corona reporter » pour le « traçage numérique des contacts » à l'échelle nationale le 1er septembre 2020 dans une lettre adressée au Parlement en date du 16 juillet 2020 (voir annexe I, n° 5).

La dernière page de la lettre indique que la législation d'accompagnement sera mise en place rétrospectivement après l'été.

La page 1 de la lettre annonce une deuxième application :

« Une application permettant aux personnes testées positives au coronavirus de signaler leur cas depuis leur domicile ».

De plus amples informations à ce sujet seront fournies après l'été 2020.

Le ministre a également déclaré que, dès le début du développement de l'application Coronavirus, il avait fait part de son intention de collaborer avec d'autres pays afin de créer une application unique.

Le 8 avril 2020, la Commission européenne a publié une « recommandation » appelant à une approche paneuropéenne de l'utilisation des applications de traçage des sources et des contacts dans la lutte contre la COVID-19 (voir page 16 de la lettre).

Selon un communiqué de presse de l'ANP daté du 9 juillet 2020, les pays du monde entier sont en train d'introduire cette application (voir annexe I, n° 6).

Le message suivant a été publié sur le site web Computable le 5 août 2020 :

« **Les Pays-Bas joueront un rôle pionnier en Europe dans l'échange transfrontalier de données provenant des applications nationales de traçage des contacts.** »

Un « système d'alerte global » est en cours de développement pour la Commission européenne. Les Pays-Bas sont l'un des premiers pays dans lesquels il sera testé (voir annexe I, n° 7).

Le site web du gouvernement indique qu'une « rue test » sera mise en place à l'aéroport de Schiphol dans le cadre des « mesures supplémentaires contre le coronavirus ». Le 12 août 2020, il a été annoncé qu'à partir du 13 août, des soldats de la brigade aéroportée effectueraient ces tests (voir annexe I, n° 8).

Le 23 juillet 2020, le quotidien De Telegraaf rapportait :

« **Les passeports resteront dans les poches. Les contrôles à l'aéroport de Schiphol disparaîtront** ».

Les personnes sont désormais contrôlées à distance par voie électronique (voir annexe I, n° 9).

Une autre nouveauté est le fait que la société britannique Circle Pass Enterprises, en collaboration avec VST Enterprises, mettra le passeport sanitaire numérique Covid-Pass à la disposition des particuliers et des gouvernements de quinze pays (voir annexe I, n° 10).

Covid-Pass est un passeport sanitaire numérique sécurisé qui affiche l'historique de vos tests Covid-19, votre réponse immunitaire et d'autres informations sanitaires pertinentes (voir www.covipassbenelux.nl).

Il y a ensuite la mesure gouvernementale en vigueur depuis le 10 août 2020 :

« **Les contrôles sanitaires sont toujours obligatoires pour l'accueil en intérieur et en extérieur** » (voir le site web du gouvernement britannique).

La 5G arrive à point nommé !

À Singapour, ils ont déjà une longueur d'avance :

« **La police de Singapour teste des drones autonomes pour contrôler le respect de la règle des 1,5 mètre** » (voir annexe I, n° 11).

« **D'autres villes souhaitent également utiliser des drones pour surveiller la distanciation sociale. La pandémie accélère l'utilisation des drones** » (site web « Computable », 7 août 2020).

L'édition du 30 juillet 2020 du journal « Algemeen Dagblad » écrit :

Les maires veulent exercer leur influence derrière la porte d'entrée

« **Nous ne pouvons pas intervenir à domicile. Nous continuerons à étudier si quelque chose peut être fait à ce sujet** » (voir annexe I, n° 12).

Cette déclaration a été faite par le président du Conseil de sécurité, composé des 25 présidents des régions de sécurité, lors de la conférence de presse du mercredi 29 juillet 2020.

Une autre loi d'urgence était en préparation. La loi temporaire sur la fourniture d'informations par le RIVM dans le cadre de la pandémie de coronavirus (document parlementaire 35479) :[1]

« **Cette loi donne au RIVM accès aux données de localisation anonymisées de tous les téléphones mobiles pendant une durée maximale d'un an** » (Computable, 2 juin 2020).[2]

La description officielle figurant dans le document parlementaire 35479, n° 3, page 1, stipule :

« **Ce projet de loi crée une base dans le chapitre 14 de la loi sur les télécommunications afin d'obliger les fournisseurs de réseaux publics de télécommunications mobiles à fournir des informations au RIVM aux fins de la mission prévue à l'article 6c de la loi sur la santé publique** ».

Quelles sont les conséquences de tout cela ?

« **Les technologies numériques et la communication numérique imprègnent tous les aspects de notre vie. Nous devons œuvrer pour une Europe qui stimule nos citoyens et notre économie. Aujourd'hui, les**

---

1. *Voir annexe I, n° 13.*
2. *Voir annexe I, n° 14.*

citoyens et l'économie sont tous deux numérisés. »– Jean-Claude Juncker dans son discours sur *l'état de l'Union européenne* du 14 septembre 2016 (voir annexe I, n° 15).

« **Au cours des dix dernières années, notre société s'est rapidement transformée en une société numérisée, axée sur les données et fondée sur l'intelligence artificielle. Les données personnelles sont le nouveau mécanisme de contrôle d'une société individualisée. Le mythe du cyberespace a cédé la place à un nouveau phénomène : l'interpénétration mutuelle des médias électroniques et de la réalité sociale.** » – Prof. Egbert J. Dommering, *The European Information Law Order.*[3]

« **La technologie permettant d'effacer la vérité est désormais disponible.** » – Bob Dylan, *World Gone Wrong*, 1993.

En bref : « **La nouvelle norme** ».

Ce concept est issu de la novlangue et a été délibérément introduit à l'échelle mondiale pour créer de l'incertitude. Chacun en a sa propre interprétation, et le terme est utilisé pour décrire des choses qui ne sont pas entièrement comprises.

En fait, il fait référence à la réorganisation sociale et technologique de la société, dont seuls les acteurs concernés ont une vue d'ensemble.

Nous sommes dans un train, et seul le conducteur peut voir où il va.

Il y a de l'incertitude sur littéralement tout :

- Les masques faciaux sont-ils obligatoires ?
- Sont-ils sûrs ? Ou ne le sont-ils qu'en apparence ?
- Le virus provient-il d'un laboratoire en Chine ou d'une chauve-souris en Chine ?
- La vaccination est-elle obligatoire ou non, et est-elle sûre ?
- Les tests : obligatoires ou non ?

L'application Coronavirus est-elle obligatoire ?

La quarantaine est-elle obligatoire ?

---

3. *Voir annexe I, n° 16.*

À cela s'ajoute la culture de plus en plus étouffante du politiquement correct. Si une opinion ne correspond pas à la « nouvelle norme » et à la façon de penser supposée qui y est associée, elle est rapidement rejetée comme étant une « conspiration » ou une « théorie du complot ». Ceux qui pensent différemment sont qualifiés de conspirationnistes, d'« antivaccinistes » ou d'« accros aux applications ». En d'autres termes, ils sont qualifiés d'hérétiques.

Ceux qui expriment des opinions alternatives sont censés fournir des preuves, mais bien sûr, celles-ci ne sont jamais suffisantes.

Ceux qui qualifient les autres de théoriciens du complot, en revanche, n'ont qu'à se référer à ce qui est communément accepté. En d'autres termes, ce que disent le gouvernement et les médias, c'est-à-dire ce qui est politiquement correct.

En d'autres termes, ils agissent comme une sorte de police de la pensée volontaire. La voie vers la dictature est pavée de politiquement correct, qui est essentiellement une culture de la peur.

Il est impossible de déterminer où s'arrête la vérité et où commencent les considérations politiques.

Vous avez peut-être remarqué que le gouvernement mène régulièrement des campagnes publicitaires en faveur de la vaccination contre toutes sortes de maladies dans le cadre de son programme national de vaccination.

Votre enfant reçoit toutes sortes d'injections à la clinique. On ne sait pas exactement ce qu'elles contiennent. Même le médecin ne le sait pas, pas plus que la plupart des employés de l'usine, car tout est produit de manière entièrement automatique à l'aide de programmes informatiques dans un pays étranger lointain — parce que nous externalisons tout, parce que c'est intelligent.

La notice indique ce que contiennent les vaccins.

Nous croyons, espérons et faisons confiance. Nous faisons cela depuis 2 000 ans, et cela fonctionne toujours !

La « foi » et l'« espoir » sont les moteurs du développement vers un objectif prédéterminé.

La « confiance » agit comme une sorte de soupape de sécurité pour garantir que le moteur continue de tourner.

Notre propre gouvernement est souvent guidé par des vœux pieux sans tenir compte des conséquences.

Si les choses tournent mal par la suite, il y a toujours la « vision progressiste ». Après tout, nous sommes une « organisation apprenante », n'est-ce pas ?

Ensuite, c'est parti pour la prochaine aventure, qu'elle soit motivée ou non par les lobbyistes des entreprises mondiales.

Les citoyens n'ont plus qu'à attendre de voir ce qui sera « mis en place » ensuite.

Le savoir a été « externalisé » et les entreprises publiques ont été vendues au plus offrant. Prenons l'exemple de la société pharmaceutique Organon à Oss, qui fait désormais partie de la multinationale américaine Merck Sharp & Dohme. Le 3 juin 2021, la société a fait l'objet d'une cotation distincte à la Bourse de New York.

Si nous continuons ainsi, nos enfants hériteront d'un pays où tout ce qui a de la valeur aura été vendu, les laissant sans aucun contrôle.

Nous vivons dans un système économique appelé « marché libre », une sorte de Far West.

Le système du « marché libre » se caractérise par une concentration inévitable de l'argent, de la propriété et donc du pouvoir.

La technologie et la numérisation suivent la même voie. De moins en moins de personnes en savent de plus en plus ; la connaissance est aussi une forme de pouvoir.

Si ces élites mondiales super riches et omniscientes pensent pouvoir tout contrôler, y compris la vaccination, pourquoi les problèmes ne sont-ils toujours pas résolus ?

Au contraire, la situation empire parce qu'elles se préoccupent d'elles-mêmes et non de nous. Ces personnes vont-elles vraiment nous « sauver » avec leurs vaccins ?

Des entreprises telles qu'Unilever contrôle déjà ce que nous mangeons, comme les aliments transformés vendus dans les supermarchés. Les choses dont nous avons besoin, comme les logements et les soins de santé, deviennent chaque année plus chère.

Des pays entiers sont déchirés par des drames politiques et des guerres, mais l'élite mondiale semble impuissante à y remédier.

La vérité n'est pas dite, et tout le monde le sait. Pourtant, nous espérons toujours un vaccin salvateur. Le ministre néerlandais a déjà acheté les vaccins sans savoir s'ils sont efficaces ou sûrs.

Dans une lettre adressée au Parlement le 13 juin 2020, le ministre a déclaré que l'« Alliance inclusive pour les vaccins » (un partenariat entre l'Allemagne, la France, l'Italie et les Pays-Bas) avait conclu un accord de coopération.

« J'ai désormais conclu un accord de coopération avec mes homologues de ces trois pays pour l'achat de 300 millions de doses du vaccin « prometteur » d'AstraZeneca. En outre, il existe une option d'achat de 100 millions de doses supplémentaires. Nous investissons ainsi dans la future production à grande échelle d'un candidat vaccin important développé par l'université d'Oxford » (voir annexe I, n° 17).

Plus loin dans la lettre, il est indiqué :

« L'Alliance est en pourparlers avec plusieurs développeurs. Ce faisant, nous voulons nous concentrer sur plusieurs possibilités. »

Par la suite, des questions parlementaires ont été posées au sujet de la divulgation du résultat des négociations avec AstraZeneca (voir les documents parlementaires, « Annexe aux débats 2019-2020 », n° 3302, datée du 25 juin 2020).[4]

Selon le ministre, la divulgation n'est pas possible :

« Cela pourrait nuire à la position de négociation de l'Alliance dans les discussions avec d'autres sociétés pharmaceutiques. »

4. *Voir annexe I, n° 18.*

En bref, les questions ont été traitées en dehors du Parlement, et il semble que personne ne puisse lire ce que le ministre a réellement signé.

La question parlementaire n° 23 demandait :

« Ne vous laissez-vous pas simplement manipuler par un fabricant qui n'a pas exactement un passé irréprochable ? »

Le ministre a donné la réponse suivante :

« Un investissement présentant un certain risque est justifié, compte tenu des conséquences pour la santé publique et des dommages sociaux et économiques. »

Les questions 25 à 35 font référence à 11 procès et violations commis par AstraZeneca et demandent une réponse du ministre.

« Je comprends les questions 25 à 35 comme signifiant qu'on me demande en fait si les quatre pays ont confiance en AstraZeneca pour parvenir à un accord solide sur le candidat vaccin. C'est le cas. »

Il semble que le ministre réponde au nom des quatre pays mentionnés. Cependant, la responsabilité du ministre envers les citoyens néerlandais n'est pas claire.

Une fois encore, il s'agit du vaccin qui sera injecté dans votre bras.

Si quelque chose tourne mal avec les vaccinations, le fabricant n'est pas responsable.

Le 4 août 2020, R. Dobber, un cadre supérieur d'AstraZeneca, a déclaré à Reuters que la société avait obtenu l'immunité contre toute poursuite judiciaire.

« Lorsque nous concluons des contrats, nous demandons à être indemnisés en cas de poursuites judiciaires éventuelles. La plupart des pays n'y voient aucun inconvénient, car ils estiment que cela en vaut la peine. C'est dans leur intérêt national. »[5]

---

5. *Voir annexe I, n° 19.*

L'approche : mettre en place les réseaux de contrôle à l'avance. En même temps, utiliser le mantra « volontaire » et lancer occasionnellement des ballons d'essai concernant les « obligations » et la « responsabilité personnelle ». Combiner cela avec l'offensive médiatique en cours qui ne prendra fin que... quand, exactement ?

Vous ne saurez jamais ce que les initiateurs et les parties prenantes ont prévu.

Les gens sont rassurés par les experts des médias qui proclament que la confidentialité et la sécurité seront préservées, qu'il existe des lois et des réglementations, etc.

Ces « initiés », ou personnes qui se considèrent comme telles, utilisent un dialecte composé à 50 % de termes néerlandais et à 50 % de termes anglais, avec les abréviations nécessaires, comme il est d'usage dans le monde informatique.

Les auditeurs ou les lecteurs veulent être considérés comme intelligents, font semblant de comprendre et répètent le jargon.

Les gens parlent de technologie comme s'ils l'avaient inventée et assemblée eux-mêmes. Cependant, ils n'en savent pas plus que le citoyen moyen. Personne n'a une vue d'ensemble complète de l'emplacement des câbles ou des serveurs. Ils n'ont aucune idée de ce qui peut être connecté à quoi, ni où se trouvent les portes dérobées. Qui est responsable de quoi ? Aucune idée.

Seules les parties prenantes le savent, et elles ne siègent pas au parlement.

Ces parties prenantes, aidées par le gouvernement, transforment la société dans son ensemble sans avoir été élues démocratiquement.

En ce qui concerne les citoyens, l'accent est mis sur le « changement de comportement ». Pour y parvenir, on limite progressivement les choix en matière de travail, de loisirs, de destinations de vacances et de liberté de mouvement.

C'est aussi « la nouvelle norme » : la dépendance à un système qui a un impact profond sur la vie personnelle et dont on ne peut rien savoir, combinée à l'incertitude comme fil conducteur des évolutions sociales.

Si quelque chose est présenté comme certain, il peut être réfuté, et cela ne peut être permis. Notre incertitude est la certitude des acteurs concernés.

Il y a ensuite la « nouvelle normalité » économique. Jusqu'au début de la crise du coronavirus, les flux financiers étaient de nature horizontale, c'est-à-dire entre les citoyens eux-mêmes (petites entreprises, culture, vie nocturne, soins de santé, services publics, etc.). Cependant, pendant et après le confinement, ces flux sont devenus de plus en plus verticaux.

Les mesures de soutien telles que TOZO I, II et III, ainsi que les faillites et le chômage, rendent les citoyens de plus en plus dépendants des fonds provenant d'en haut, c'est-à-dire de l'État et de ses organismes sociaux.

Pour de nombreuses entreprises, le rendement par mètre carré est un facteur important. Si ce mètre doit soudainement devenir un mètre et demi, par exemple, cela représente une différence de 50 % en termes de rendement. C'est particulièrement le cas dans le secteur de l'hôtellerie et de la restauration, lors d'événements musicaux et dans les salles de spectacle.

L'économie du mètre et demi est une sorte d'étranglement financier progressif. Les flux de trésorerie se réduisent comme peau de chagrin et s'assèchent progressivement.

L'activité économique mutuelle est en déclin et les flux de trésorerie se déplacent de la société vers les grandes entreprises internationales, dont notre gouvernement est également devenu dépendant.

Journal « Financieel Dagblad », 2 août 2020 :

« La vague de numérisation empêche l'effondrement de la publicité chez les géants de la technologie ».

« NewNews Beta », 30 juillet 2020 :

« Facebook et Apple engrangent des bénéfices colossaux pendant la crise du coronavirus ».

« Computable », 3 août 2020 :

« Le secteur technologique semble immunisé contre le coronavirus »

« ANP », 3 août 2020 :

« Chiffre d'affaires et bénéfices en hausse pour Post.nl grâce aux acheteurs en ligne ».

Nous ne nous rendons plus dans les magasins. Ceux-ci font faillite et, avec les achats en ligne, nous devenons dépendants des centres de distribution et des entrepôts situés dans les champs le long des autoroutes.

Ainsi, l'économie réelle est progressivement démantelée et nous devenons dépendants de leur argent, de leurs produits et de leur technologie, et finalement de leur merci.

Le gouvernement affirme que sa générosité financière est possible grâce aux économies réalisées ces dernières années, qui ont permis d'obtenir un excédent budgétaire.

L'« argent » dont les gens parlent aujourd'hui n'est en réalité qu'un programme informatique. Son montant n'est pas défini et n'est connu que de ceux qui le contrôlent.

Cela ne s'applique bien sûr pas aux gens ordinaires. Ils doivent rendre compte de chaque centime, qui est contrôlé par les autorités fiscales.

Soit dit en passant, les autorités fiscales n'ont pas réellement besoin de votre argent. Elles sont seulement là pour surveiller et ajuster la pression financière.

Lors de la « Journée du Prince » en septembre, le gouvernement néerlandais vous montre une mallette pour démontrer la légitimité démocratique, mais il prend ce dont il a besoin dans l'ordinateur.

On peut qualifier cela de dictature financière contrôlée par personne d'autre que les parties prenantes non élues.

Nous sommes contrôlés par les banques, les entreprises informatiques, l'industrie pharmaceutique, l'industrie alimentaire et les médias, qui collaborent tous avec le gouvernement. Le gouvernement se limite à distribuer des avantages et des amendes, ainsi qu'à prendre le contrôle de toutes nos données privées aux côtés de ces entreprises.

Il s'agit d'une fusion entre l'État et les entreprises internationales qui partagent un intérêt commun pour nos données.

Il s'agit d'une sorte de puissance occupante technocratique financière et numérique qui s'est insidieusement installée à une échelle telle qu'elle dépasse notre compréhension.

Cela a commencé avec l'introduction des paiements par virement bancaire, qui n'étaient pas facultatifs.

Dans les années 1970, il était possible de recevoir son salaire en espèces. Plus tard, cela a été progressivement rendu impossible par la coercition et la pression, et tout le monde a été contraint d'ouvrir un compte bancaire. Sans compte bancaire, vous ne pouvez pas recevoir de salaire, vous n'avez donc pas d'argent.

Ce système a été mis en place avec les banques privées. Le gouvernement a sciemment facilité tout cela, notamment en privatisant le service des chèques postaux et des virements bancaires.

Grâce à la coopération de plus en plus étroite entre les institutions publiques et les banques privées, ainsi qu'à la combinaison du numéro d'identification fiscale et du numéro de compte bancaire, le contrôle est devenu de plus en plus strict.

Il s'agit d'une sorte de monopole de l'État et des entreprises sur la fourniture et la collecte d'argent.

L'argent liquide pose un problème de contrôle, il doit donc disparaître.

Les cartes bancaires ont été introduites dans les années 1980. Plus tard, le téléphone portable est devenu le lien – ou le cordon ombilical, si vous préférez – entre les personnes et le système.

Sans ces deux éléments, la vie aux Pays-Bas est pratiquement impossible.

Si « ils » ont un problème avec vous personnellement, vous pouvez vous voir refuser un prêt, avoir votre compte bancaire saisi par les autorités fiscales ou voir votre compte bloqué.

De nos jours, ils peuvent également fermer votre compte immédiatement si vous êtes soupçonné de blanchiment d'argent ou si vous critiquez publiquement la réponse du gouvernement à la pandémie. Une fois que vous avez été rejeté par une banque, vous ne pouvez-vous adresser à aucune autre, car tout est lié et enregistré.

« Business Insider Netherlands », 10 août 2020 :

« Les banques ferment plus rapidement les comptes en cas de contrôles anti-blanchiment » (voir annexe I, n° 21).

Vous êtes devenu un paria financier. Le juge n'a même pas été impliqué. La charge de la preuve vous incombe. Vous ne le découvrez que lorsqu'il est trop tard.

Et c'est ainsi que cela pourrait fonctionner avec l'éventuelle obligation de vaccination à venir. Quelles sont les conséquences si vous refusez ?

- Pas d'accès aux bâtiments et lieux publics
- Quarantaine forcée
- Refus de l'assurance maladie
- Pas d'accès aux transports publics
- Pas d'accès au lieu de travail, donc pas de salaire
- Pas d'accès aux médecins ou aux établissements médicaux

Comme vous pouvez le constater, le gouvernement n'a peut-être même pas besoin d'imposer quoi que ce soit directement ; les effets indirects suffisent. Cela entraînera inévitablement des problèmes avec les proches, qui se demanderont pourquoi les « antivaccins » s'infligent eux-mêmes ces problèmes.

Les « antivaccins » sont invariablement qualifiés dans les médias de « conspirationnistes » ou de « wappies » : des personnes déconnectées de la réalité et qui pourraient donc constituer une menace pour la santé publique et l'intérêt général. C'est là que le politiquement correct entre à nouveau en jeu.

Il faudrait peut-être appeler un psychiatre.

Il est frappant de constater qu'une question médicale a été détournée par la politique et les entreprises internationales, qui utilisent conjointement leur pouvoir pour parvenir à une « solution » de leur cru.

En d'autres termes, les patients se voient dicter par le ministre (ou le président) ou en son nom où, quand et par qui ils doivent se faire tester ou vacciner, au lieu de pouvoir consulter leur propre médecin comme d'habitude.

II. Comment en est-on arrivé là ?

En 1992, le « traité de Maastricht » est entré en vigueur (voir annexe I, n° 22).

L'article 129, paragraphe 1, stipule :

« L'action de la Communauté est orientée vers la prévention des maladies, en particulier des grands fléaux sanitaires ».

L'article 129, paragraphe 3, stipule que « la Communauté et les États membres favorisent la coopération avec les pays tiers et les organisations internationales compétentes dans le domaine de la santé publique ».

L'exposé des motifs de la loi d'approbation (document parlementaire 22647, n° 3, p. 55) stipule :

« Enfin, il convient de noter que la référence explicite, à l'article 129, paragraphe 3, à la coopération entre la Communauté et les États membres avec les organisations internationales compétentes – en particulier, bien sûr, l'Organisation mondiale de la santé (OMS) – sera, espérons-le, un catalyseur pour une action coordonnée des États membres au sein de l'OMS » (voir annexe I, n° 23).

Le document parlementaire 22647, n° 13, à la page 85, indique :

« Le gouvernement note que l'OMS est l'organisation internationale la plus importante mentionnée dans le contexte de l'article 129 » (voir annexe I, n° 24).

Il convient de noter que l'OMS n'est pas spécifiquement mentionnée à l'article 129, d'autant plus que l'OMS et la CEE (à l'époque) sont en contact depuis 1972.

Dès le 28 octobre 1982, le « Mémorandum sur l'établissement d'arrangements de coopération entre l'Organisation mondiale de la santé et les Communautés européennes » (CE) a été publié au « Journal officiel de l'Union européenne » (n° 82/725/CECA, Euratom) (voir annexe I, n° 25).

L'article 7 bis stipule :

« **Les deux parties prennent les mesures appropriées pour assurer une coopération étroite et des relations solides entre les fonctionnaires des deux institutions dans les domaines d'intérêt commun** ».

Le 24 mai 1993, la Commission européenne a publié le document « Communication de la Commission des Communautés européennes et de l'Organisation mondiale de la santé », COM (93)224 final.[6]

La page 3 de ce document fait référence au mémorandum de 1982 susmentionné, ainsi qu'à l'article 129 du traité de Maastricht, six mois avant son entrée en vigueur le 1er novembre 1993.

La page 12 stipule :

« **En outre, la collaboration s'intensifie entre l'Organisation mondiale de la santé, la Commission des Communautés européennes et d'autres organismes de développement privés et publics dans des domaines d'intérêt commun, tels que la mise au point de vaccins et les stratégies de lutte contre les maladies** ».

La coopération sera renforcée entre l'Organisation mondiale de la santé, la Commission européenne et d'autres organismes privés et publics dans des domaines d'intérêt commun, tels que le développement de vaccins et les stratégies de lutte contre les maladies.

Il s'agit de l'OMS, de la Commission européenne et des entreprises pharmaceutiques et technologiques internationales. Nos représentants politiques nationaux sont désespérément et impuissamment à la traîne.

Il est impossible de déterminer où s'arrête l'intérêt public et où commence l'intérêt privé.

Le résultat inévitable est que la politique et nos représentants dépendent de l'expertise et des capitaux internationaux.

Le secrétaire d'État aux Affaires européennes a déclaré ce qui suit à propos de l'article 129 à la Chambre des communes :

---

6. *Voir annexe I, n° 26.*

« Cela concerne la compétence dans le domaine de la protection de la santé et de la prévention des maladies, et non les soins de santé » (Chambre des représentants, 18 novembre 1992, p. 1304).[7]

En d'autres termes, les vaccinations relèvent de la « protection de la santé » et de la « prévention ».

L'article 129 a ouvert la voie. Les développements qui ont suivi ont conduit à la situation dans laquelle nous nous trouvons aujourd'hui.

En 1958, l'OMS a publié le document « Comité d'experts sur la fluoration de l'eau, premier rapport n° 146 » (voir annexe I, n° 28). À la page 21, il est conclu que l'ajout de fluorure permettrait de prévenir les caries dentaires. Cet ajout contrôlé est une mesure pratique et efficace pour améliorer la santé publique.

Il était également prévu d'introduire la fluoration aux Pays-Bas. Pendant un certain temps, la municipalité d'Amsterdam a ajouté un composé fluoré à l'eau potable.

Cependant, des habitants inquiets ont protesté et exigé l'arrêt de la fluoration de l'eau potable. Une procédure judiciaire a été engagée en 1973, aboutissant à l'arrêt de la Cour suprême du 22 juin 1973, connu sous le nom de « jugement sur la fluoration » (voir annexe I, n° 29).

La Cour suprême a statué comme suit :

« L'ajout de substances à l'eau potable dans un but totalement étranger à l'approvisionnement en eau potable proprement dit est une mesure d'une nature si radicale que, sans base juridique, on ne peut présumer qu'une compagnie des eaux ait la liberté de le faire dans l'exercice de ses fonctions au titre de l'article 4, paragraphe 1, de la loi sur l'approvisionnement en eau ».

L'arrêt fait référence à « la position monopolistique de la compagnie municipale des eaux » et indique que « les consommateurs n'ont aucune possibilité pratique d'obtenir de l'eau non fluorée ».

Il s'agit essentiellement de la liberté de choix des citoyens, comme c'est actuellement le cas pour la vaccination (qu'elle soit obligatoire ou non),

7. *Voir annexe I, n° 27.*

l'application corona, les tests et les masques faciaux (également obligatoires ou non), etc.

Le traité de Maastricht (y compris l'article 129) a été adopté à la suite d'un décret du Conseil européen à Birmingham le 16 octobre 1992 :

« Le processus de ratification devait être achevé dès que possible sans rouvrir le texte actuel ».[8]

Cela signifiait que les parlements nationaux devaient l'accepter. Ce qui, bien sûr, signifiait l'adopter. Le chef du gouvernement, le Premier ministre ou le président, qui est également membre du Conseil européen, avait déjà signé le traité. La discipline des groupes politiques a fait le reste.

Au cours du débat sur le projet de loi de ratification à la Chambre des représentants, certains ont exprimé leur mécontentement :

« Fossé démocratique », « déficit démocratique » et « insuffisance démocratique ».

Une motion déposée le 12 novembre 1992 faisait référence au « fait que le Parlement européen n'est pas en mesure d'exercer un contrôle démocratique complet sur les activités du Conseil européen » (document parlementaire 22647, numéro 54).[9]

Pour plus de clarté, le Conseil européen est une réunion régulière des chefs de gouvernement de l'UE, qui se tient tous les six mois et au cours de laquelle sont déterminées les politiques et les priorités politiques ; les procès-verbaux ne sont pas publics.

Le 12 juillet 1996, le ministre de la Santé, du Bien-être et des Sports a adressé une lettre à la Chambre des représentants (document parlementaire 24126, n° 13).[10]

À la page 4, il est indiqué :

---

8. *Voir annexe I, n° 30.*
9. *Voir annexe I, n° 31.*
10. *Voir annexe I, n° 32.*

« En outre, depuis le traité de Maastricht, l'Union européenne s'est vu attribuer des compétences dans le domaine de la santé publique sur la base de l'article 129 ».

Il est ensuite précisé :

« Cet article constitue la base de l'action communautaire dans le domaine de la prévention et de la protection de la santé ».

La note de réponse susmentionnée (voir annexe I, n° 24), datée du 24 septembre 1992 (document parlementaire n° 22647, n° 13), indique ce qui suit à la page 85 :

En réponse à une question du groupe parlementaire VVD concernant la pratique établie de l'implication de la CE dans la santé publique, le gouvernement souhaite faire les commentaires suivants :

« La pratique qui s'est développée comprend de nombreuses directives CEE dans les domaines des médicaments, des dispositifs médicaux, des denrées alimentaires, de la sécurité des produits non alimentaires, des réglementations sanitaires concernant la viande et de la libre circulation des prestataires de soins. »

Ces directives ne sont pas adoptées par le Conseil « Santé » de la CE, mais plutôt par le Conseil « Marché intérieur » ou le Conseil « Agriculture », selon le sujet traité. Par exemple, les exigences sanitaires applicables à la viande sont adoptées par le Conseil « Agriculture ». Afin de réaliser le marché intérieur, il est nécessaire de supprimer divers obstacles au commerce. Les différences entre les législations sanitaires des États membres de la CE sont l'une des causes de ces obstacles.

Les « considérations économiques » ont donc des « retombées » sur la « politique de protection de la santé ».

L'article 129, troisième alinéa, stipule à cet égard :

« Les exigences en matière de protection de la santé font partie intégrante des politiques communautaires dans d'autres domaines ».

En d'autres termes, les barrières entre le « marché libre » et la politique de protection de la santé ont été supprimées en raison du chevauchement des réglementations dans ces deux domaines. Ces réglementations sont appelées ici « effets d'entraînement ».

Le citoyen moyen n'a aucune connaissance de ces processus et leur fait donc de moins en moins confiance. Cela est particulièrement vrai lorsqu'il s'agit de questions telles que la vaccination ou le fluor dans l'eau potable, comme en 1973.

Cela peut entraîner de la méfiance, des protestations et de la résistance.

Nos dirigeants ont anticipé cela et ont pris des mesures. Le Centre européen de prévention et de contrôle des maladies (ECDC) a été créé par le règlement (CE) n° 851/2004 du 21 avril 2004 (voir annexe I, n° 33).

L'étude « Vaccine hesitancy among healthcare workers and their patients in Europe » (Hésitation vaccinale chez les professionnels de santé et leurs patients en Europe), publiée en octobre 2015, a été réalisée pour le compte de cet organisme européen (voir annexe I, n° 34).

Elle compte 28 pages, mais aucune traduction en anglais n'est disponible. Le titre est clair :

« Hésitation et doute à l'égard des vaccinations chez le personnel médical et les patients en Europe ».

Il s'agit d'un problème qui doit être traité à un niveau élevé.

L'étude commence à la page 1 par ce qui suit :

« La vaccination est souvent considérée comme l'une des plus grandes réalisations du XXe siècle en matière de santé publique, au même titre que le planning familial et la fluoration de l'eau potable ».

À la suite de recherches menées dans plusieurs pays, il a été constaté que le personnel médical était préoccupé par les risques liés à la vaccination et se méfiait des « autorités sanitaires ».

La conclusion à la page 21 stipule :

« Il est important que les stratégies visant à améliorer la confiance dans les vaccins répondent à ces préoccupations et soient adaptées au contexte politique, social, culturel et économique spécifique du pays ou de la région. Il est essentiel d'améliorer les compétences des professionnels de santé, car il a été démontré qu'ils peuvent influencer la décision des patients de se faire vacciner.

Les stratégies visant à renforcer la confiance dans la vaccination doivent être adaptées au contexte politique, social, culturel et économique spécifique du pays ou de la région concerné(e). Il est essentiel de renforcer la confiance du personnel médical dans la vaccination, car celui-ci a le pouvoir d'influencer la volonté des patients d'accepter la vaccination ».

Le 26 avril 2018, la Commission européenne a publié la recommandation (UE) 2018/849 relative à une meilleure coopération dans la lutte contre les maladies évitables par la vaccination (voir annexe I, n° 35).

Quelques citations :

« **La vaccination est l'une des mesures de santé publique les plus efficaces et les plus rentables mises au point au XXe siècle** » (page 10, point 3).

« **La propagation rapide de fausses informations par les réseaux sociaux et par des militants anti-vaccination fervents a alimenté des idées fausses qui ont détourné l'attention du public des avantages individuels et collectifs de la vaccination et des risques liés aux maladies transmissibles, pour la diriger vers la méfiance et la crainte d'effets secondaires non prouvés. Des mesures sont nécessaires pour renforcer le dialogue avec les citoyens, comprendre leurs doutes et leurs préoccupations légitimes concernant la vaccination, et apporter une réponse adéquate en fonction des besoins individuels** » (page 10, paragraphe 5).

« **Afin d'accélérer la recherche et le développement de nouveaux vaccins, ainsi que l'amélioration et l'adaptation des vaccins existants, il est nécessaire de mettre en place des partenariats et des plateformes innovants, de disposer d'une expertise de haut niveau, de renforcer la collaboration entre les disciplines et les secteurs et d'investir dans la recherche en sciences comportementales et sociales, afin de mieux comprendre les facteurs contextuels qui sous-tendent la réticence à la vaccination** » (page 11, sous 11).

« **La directive 2000/54/CE du 18 septembre 2000 (voir annexe I, n° 36) concernant la protection des travailleurs contre les risques liés à l'exposition à des agents biologiques au travail établit des exigences minimales pour la protection des travailleurs, y compris l'obligation de**

proposer des vaccins à ceux qui ne sont pas encore immunisés » (page 12, point 15).

« Développer la capacité des établissements de santé et de soins à disposer d'informations électroniques actualisées sur le statut vaccinal des citoyens, grâce à des systèmes d'information capables d'envoyer des rappels, de stocker des données en temps réel sur la couverture vaccinale dans toutes les tranches d'âge et de permettre la mise en relation et l'échange de données entre les systèmes de santé » (page 15, sous 7).

« Le Conseil de l'UE se félicite de l'intention de la Commission de prendre les mesures suivantes en étroite coopération avec les États membres :

- **Mettre en place un système européen d'information sur la vaccination (EVIS), coordonné par le Centre européen de prévention et de contrôle des maladies (ECDC), afin de :**
- **En consultation avec les autorités nationales de santé publique, d'étudier les possibilités d'établir, d'ici 2020, des lignes directrices pour un calendrier de vaccination de base de l'UE qui garantirait la compatibilité des calendriers nationaux et favoriserait l'égalité dans l'de la protection de la santé des citoyens de l'Union. Veiller ensuite à ce que le calendrier de base soit largement mis en œuvre et qu'une carte de vaccination commune soit introduite.**
- **Élaborer, en collaboration avec l'OMS, des méthodologies et des lignes directrices européennes sur les exigences en matière de données afin de mieux surveiller la couverture vaccinale dans tous les groupes d'âge, y compris parmi les professionnels de santé. Collecter et échanger ces données au niveau de l'UE** » (page 16, point 10).

Ce document s'inscrit dans une longue série, qui remonte à 1965, dans laquelle un nombre croissant de questions sont réglementées à un niveau de plus en plus élevé et centralisé.

En fin de compte, il s'agit d'enregistrement et de contrôle ; la vaccination n'est qu'un prétexte.

Les intérêts politiques (UE) et les intérêts du marché libre (entreprises internationales informatiques et pharmaceutiques) convergent ici.

Les développements décrits dans cet article sont fortement accélérés par la crise actuelle, et la pression pour les traduire en législation et en politique s'intensifie.

Le choix qui sera finalement fait sera le suivant :

Pour ou contre le bien-être économique/la santé publique.

Soit on acceptera les obligations, soit on les refusera, au détriment de... Pour ceux qui refusent, il pourrait y avoir des conséquences.

Ceux qui pensent que « ce ne sera pas si grave »

Ils devraient considérer que ces documents politiques sont le résultat de décennies de consultation et de coordination entre l'UE, l'OMS et des acteurs privés bien connus, tels que des entreprises technologiques et pharmaceutiques mondiales comme AstraZeneca.

Le 13 juin 2020, le ministre de la Santé a signé un contrat avec AstraZeneca, qui est resté secret jusqu'au 29 janvier 2021.

AstraZeneca est présente en Amérique du Nord (11 200 employés), en Europe (17 900), en Chine (8 000), en Russie (1 300), au Japon (2 800), en Asie du Sud-Est et en Australie (5 100) et en Amérique du Sud (3 100).[11]

D'autres entreprises avec lesquelles les Pays-Bas font affaire par l'intermédiaire de l'UE, telles que Pfizer et Johnson & Johnson (dont fait partie Janssen Vaccines à Leyde), sont également des conglomérats ayant des intérêts majeurs en Chine.[12]

Le 12 septembre 2019, le Sommet mondial sur la vaccination s'est tenu à Bruxelles, organisé par la Commission européenne et l'OMS.[13]

Le site web indique ce qui suit :

---

11. Voir le rapport annuel 2019.
12. Voir leurs rapports annuels sur Internet.
13. *Voir annexe I, n° 37.*

« Le sommet a réuni environ 400 participants du monde entier, notamment des dirigeants politiques, des représentants de haut niveau des Nations unies et d'autres organisations internationales, des ministères de la santé, des universitaires, des scientifiques et des professionnels de la santé de premier plan, le secteur privé et des ONG. La participation était sur invitation uniquement ».

La conférence a réuni environ 400 participants du monde entier, notamment des dirigeants politiques, des représentants de haut niveau des Nations unies et d'autres organisations internationales, des ministères de la santé, des universitaires influents, des scientifiques, des professionnels de la santé et des représentants du secteur privé et d'organisations non gouvernementales. La participation était sur invitation uniquement.

Il n'existe pas de liste des participants et on ne sait pas qui a décidé quelles personnes seraient invitées. Ce qui est certain, c'est qu'aucune voix dissidente ne se fera entendre et que tout le monde sera d'accord.

Il s'agit ici de coordination et d'intérêts, et non de discussion.

Ce qui suit est tiré du communiqué de presse du 12 septembre 2019 (voir le site web de la Commission européenne) :

« **Aujourd'hui, la Commission européenne, en collaboration avec l'Organisation mondiale de la santé (OMS), organise à Bruxelles le premier sommet mondial sur la vaccination. L'objectif est de renforcer l'action mondiale visant à enrayer la propagation des maladies évitables par la vaccination et à lutter contre la désinformation sur la vaccination dans le monde entier** » (voir annexe I, n° 38).

La page 2 indique :

« **L'OMS a déclaré que la réticence à la vaccination, notamment la complaisance, le manque de confiance et le manque de commodité, est l'une des dix menaces pour la santé mondiale** ».

C'est là que réside la cause de la méfiance du public.

Voici un extrait du rapport sur le premier Sommet mondial sur la vaccination à Bruxelles (voir le site web *du Sommet mondial sur la vaccination*).[14]

Dans son introduction, Jean-Claude Juncker, président de la Commission européenne, a déclaré ce qui suit :

« **Alors que certaines personnes souffrent du manque d'accès aux vaccins, beaucoup d'autres mettent leur vie et celle des autres en danger en refusant les vaccins sur la base de mythes et de rumeurs infondées concernant leur sécurité et leur efficacité.** »

Juncker a déclaré que ce scepticisme trouvait son origine dans des campagnes de désinformation visant à discréditer la vaccination et a souligné que la Commission collaborait avec les plateformes Internet pour lutter contre ce problème. Il a déclaré que ce scepticisme trouvait son origine dans des campagnes de désinformation visant à discréditer la vaccination et a souligné que la Commission collaborait avec les plateformes Internet pour lutter contre ce problème. Il a souligné que la Commission collaborait avec les plateformes Internet pour lutter contre ce problème. Il a déclaré :

« **Nous avons tous un rôle à jouer : les professionnels de la santé, les entreprises technologiques, les médias, la société civile et les responsables politiques. Nous sommes tous engagés dans ce combat.** »

C'est l'approche décrite en un seul paragraphe. Il n'y a qu'une seule opinion, et c'est la leur. Tout est mis en œuvre pour nous en convaincre.

Toutes les parties susmentionnées sont mises sur le même pied. Cela arrive aux citoyens comme un raz-de-marée. On attend d'eux qu'ils acceptent le vaccin par sens des responsabilités, voire par charité.

Le site web du « Sommet mondial sur la vaccination » indique ce qui suit sous la rubrique « *Table ronde 1 : Nous croyons aux vaccins* » :

« **Les entreprises technologiques collaborent également avec l'OMS, l'UE et les autorités sanitaires pour lutter contre la désinformation sur les vaccins. Mozilla a signé le Code de bonnes pratiques de la**

14. *Voir annexe I, n° 39.*

Commission européenne sur la désinformation et investit dans des outils pour lutter contre ce problème. »[15]

Parmi les autres signataires figurent Facebook, Google, Twitter, YouTube et Mozilla/Firefox.

Table ronde 3 : Des vaccins qui protègent tout le monde, partout :

« Le Dr Seth Berkley, directeur général de GAVI, l'Alliance du vaccin, a déclaré qu'un leadership politique fort peut avoir un impact profond sur l'adoption des vaccins. Il a fait remarquer que les enfants qui ne reçoivent pas la première dose du vaccin contre la diphtérie, la coqueluche et le tétanos (DPT) ne sont « pas connectés au système ». « Environ 10 millions d'enfants n'ont reçu aucun vaccin », a-t-il déclaré. « Nous devons les trouver et les intégrer. » Les outils numériques peuvent améliorer la surveillance des maladies et identifier les personnes qui ne bénéficient pas de soins de santé. Les drones et les téléphones portables pourraient également aider à fournir des vaccins aux populations vivant dans des régions reculées.[16]

GAVI joue un rôle crucial dans la réalisation des objectifs mondiaux en matière de vaccination.

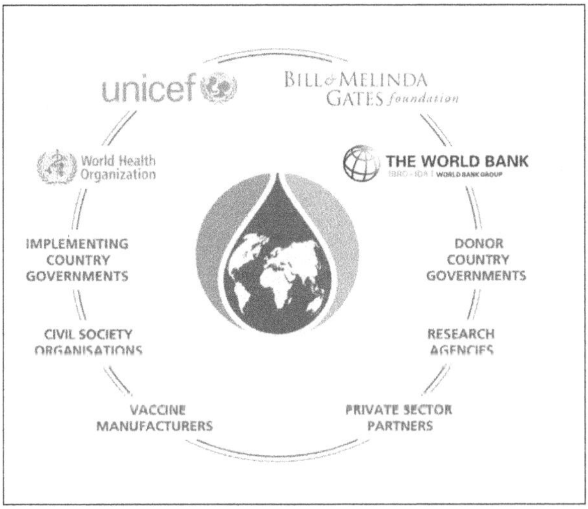

15. *Voir annexe I, n° 40.*
16. *Voir annexe I, n° 41.*

Le rapport indique également :

« Le gouvernement fédéral allemand a rédigé un projet de loi rendant obligatoire la vaccination contre la rougeole dans le cadre d'un ensemble de mesures. Les parents doivent avoir l'assurance qu'ils ne mettent pas leurs enfants en danger en les envoyant à l'école ou à la crèche ».

« Le gouvernement fédéral allemand a rédigé un projet de loi rendant obligatoire la vaccination contre la rougeole dans le cadre d'un ensemble de mesures. Les parents doivent avoir l'assurance qu'ils ne mettent pas leurs enfants en danger lorsqu'ils les envoient à l'école ou à la crèche » (voir annexe I, n° 42).

La rougeole est une maladie infantile que la plupart d'entre nous avons contractée à l'école primaire aux Pays-Bas avant que la vaccination contre cette maladie ne commence en 1976.

L'exposé des motifs de la « recommandation COM (2018) 244 » susmentionnée, datée du 26 avril 2018, indique ce qui suit à la page 2 :

« Actuellement, plusieurs États membres et pays voisins de l'UE connaissent des épidémies sans précédent de maladies évitables par la vaccination en raison d'une faible couverture vaccinale ».

Rien qu'en 2017, plus de 14 000 personnes ont contracté la rougeole, soit trois fois plus qu'en 2016. Au cours des deux dernières années, 50 personnes sont décédées de la rougeole et deux de la diphtérie (voir annexe I, n° 35).

L'UE compte environ 445 millions d'habitants. Il faut également tenir compte des pays voisins, ainsi que de l'augmentation résultant de l'immigration à grande échelle.

Le rapport entre le nombre d'habitants et le nombre de cas soulève des questions.

Un autre exemple est la résolution « WHA56.19 » de l'OMS, datée du 28 mai 2003 (voir annexe I, n° 43).

Cette résolution met en évidence le nombre mondial de décès liés à la grippe : un million, alors que la population mondiale dépassait à l'époque les six milliards d'individus.

La résolution appelle à prendre des mesures pour lutter contre les épidémies et les pandémies de grippe et porter la couverture vaccinale à 75 % d'ici 2010.

Veuillez lire la résolution sur le site web de l'OMS.

La grippe étant une maladie contagieuse qui touche l'ensemble de la planète, des réseaux mondiaux peuvent être mis en place pour permettre aux organisations internationales de prendre des mesures à l'échelle mondiale.

Les maladies infectieuses mondiales sont rares, à l'exception de la grippe, que tout le monde connaît.

Pour l'OMS, les chiffres relatifs à la rougeole et à la grippe semblent être une raison suffisante pour prendre des mesures à l'échelle mondiale.

N'y a-t-il pas de problèmes plus urgents à traiter ? Tels que la prévention des maladies causées par l'eau potable insalubre ou la malnutrition, ou l'arrêt des guerres ? Des personnes venues des quatre coins du monde sont présentes à cette conférence.

Cinq semaines après le Sommet mondial sur la vaccination, le 18 octobre 2019, s'est tenu l'Event 201, un exercice mondial de simulation de pandémie organisé par la Johns Hopkins Bloomberg School of Public Health, le Forum économique mondial et la Fondation Bill & Melinda Gates (voir annexe I, n° 44).

Sa devise était :

« Coopération public-privé pour la préparation et la réponse aux pandémies – un appel à l'action ».

La simulation visait à mettre en évidence les lacunes en matière de préparation et les solutions possibles proposées par les secteurs public et privé.

Quelques semaines plus tard, la pandémie mondiale du nouveau coronavirus (SARS-CoV-2) a éclaté.

Les gens ont commencé à se poser des questions.

Le 24 janvier 2020, le Centre pour la sécurité sanitaire de l'université Johns Hopkins a publié une déclaration :

« Déclaration concernant le NCOV et notre exercice de simulation de pandémie : pour le scénario, nous avons modélisé une pandémie fictive de coronavirus, mais nous avons explicitement précisé qu'il ne s'agissait pas d'une prédiction ».

Pour le scénario, nous avons pris comme exemple une pandémie fictive de coronavirus, en précisant explicitement qu'il ne s'agissait pas d'une prédiction (voir annexe I, n° 45).

Il s'agissait d'une combinaison de circonstances. Et cela n'a certainement pas contribué à renforcer la confiance.

La pandémie de COVD-19 est-elle donc sortie de nulle part ?

III. Union européenne – Horizon 2020 et 5GPPP

L'UE a adopté le programme Horizon 2020 par le règlement n° 1291/2013 du 11 décembre 2013 (voir annexe I, n° 46).

L'article 3 stipule que « Horizon 2020 est établi pour la période allant du 1er janvier 2014 au 31 décembre 2020 ».

Article 25 :

« Horizon 2025 peut être mis en œuvre par le biais de partenariats public-privé ».

Le considérant 1 stipule que « l'Union vise à renforcer ses bases scientifiques et technologiques en établissant un Espace européen de la recherche ».

Le considérant 3 fait référence à l'attraction d'investissements privés pouvant atteindre les deux tiers de l'investissement total, ce qui ouvre la voie à des partenariats public-privé à l'échelle européenne représentant plusieurs milliards d'euros.

À peine une semaine plus tard, le 17 décembre 2013, la Commission européenne et l'Association pour l'infrastructure 5G ont signé l'accord contractuel PPP, établissant officiellement un partenariat public-privé appelé 5G PPP (voir annexe I, n° 47).

Ce contrat couvre la même période que le programme Horizon 2020, soit du 1er janvier 2014 au 31 décembre 2020 (voir annexe I, n° 48).

Onze entreprises internationales sont représentées au conseil d'administration de l'association 5G Infrastructure (voir annexe I, n° 49) :

Orange, Telecom Italia Mobile, Telenor, SES, Nokia, Ericsson, Huawei (qui a rejoint le conseil d'administration en 2015), Thales, Nextworks, Interrinov et CTTC.

Au total, elle compte 66 membres et partenaires, dont des entreprises de télécommunications mondiales et des universités (voir le site web pour la liste complète).

Le 5G-PPP, créé au moyen d'un contrat appelé « accord de collaboration en matière d'infrastructure », compte désormais 468 parties, dont des organisations privées et publiques (voir l'annexe I, n° 50 pour la liste).

Le contrat (voir annexe I, n° 48) stipule ce qui suit aux pages 4 et 5, sous la rubrique « 6. Engagements particuliers du secteur privé » :

« Traiter la question de l'acceptation des nouvelles technologies par la société et les consommateurs. Identifier les obstacles potentiels à l'acceptation. Les domaines prioritaires comprennent les émissions électromagnétiques, la sécurité des réseaux et les questions de confidentialité. »

« 6. Engagements particuliers des parties privées » :

« Aborder la question de l'acceptation des nouvelles technologies par la société et les consommateurs. Identifier les obstacles potentiels à leur acceptation. Les domaines à traiter en priorité comprennent les émissions électromagnétiques, la sécurité des réseaux et les questions de confidentialité. »

Il est remarquable que les problèmes actuellement débattus aient apparemment été prévus, tels que les protestations contre les radiations, l'incendie de pylônes et le débat sur la vie privée.

Ces questions auraient dû être résolues par des voies démocratiques, c'est-à-dire par le biais du Parlement européen, de notre parlement et des conseils locaux, étant donné que ce contrat aura un impact profond sur la vie de chaque citoyen.

Or, rien de tout cela ne s'est produit. Il n'y a eu aucun contrôle démocratique et tout a été décidé pour la période 2014-2020. La Commission européenne, seule autorité publique, ne peut plus faire marche arrière.

En d'autres termes, nous sommes à sa merci.

L'annexe de ce contrat (voir annexe I, n° 48b) présente une feuille de route en trois phases à la page 43 :

- 2014-2016 : phase de conception, validation des concepts, normalisation.
- 2016-2018 : prototypes, démonstrations technologiques, projets pilotes.
- 2018-2020 : démonstrations à grande échelle, essais et tests d'évolutivité.

Compte tenu des événements de 2020, le programme est en bonne voie.

Le dernier paragraphe de la page 15 stipule :

« Notre vision est que, d'ici dix ans (c'est-à-dire d'ici 2023), les télécommunications et les technologies de l'information seront intégrées dans une infrastructure commune, omniprésente et à très haute capacité, avec des capacités convergentes pour l'accès fixe et mobile ».

Les concepts clés ici sont « l'intégration » (le processus qui consiste à faire partie d'un tout) et la « convergence » (le processus qui consiste à se concentrer sur un seul point).

Le citoyen moyen n'a aucune idée de ce processus, et encore moins de contrôle sur celui-ci. Cependant, ce même citoyen est bombardé de publicités vantant les améliorations que ces développements apporteront à sa vie quotidienne. Les jeunes, en particulier, sont tentés jour après jour d'acheter les derniers « gadgets ». Sans s'en rendre compte, ils sont intégrés dans « le système ».

Le « Rapport 2017 sur le suivi des progrès du PPP 5G » (voir annexe I, n° 51) fournit des informations sur les investissements à la page 4 :

« Le PPP 5G est une initiative conjointe de la Commission européenne et de l'industrie européenne des TIC. La Commission investit 700 millions d'euros, que l'industrie multipliera par au moins cinq, ce qui porte l'investissement total dans le PPP 5G à plus de 4 milliards d'euros ».

Les ratios entre les montants ont été fixés dans le contrat aux points 3 et 6 des pages 4 et 5.

Celui qui paie les violons choisit la musique.

À la page 4, le sixième paragraphe stipule :

« Dans le PPP 5G, l'Association pour l'infrastructure 5G (5G IA) représente le secteur privé et la Commission européenne représente le secteur public. La 5G IA est « la voix de l'industrie européenne pour le développement et l'évolution de la 5G ». À cette fin, l'Association rassemble une communauté industrielle mondiale d'acteurs des télécommunications et du numérique, comprenant des opérateurs, des fabricants, des instituts de recherche, des universités, des secteurs verticaux et des PME ».

Dans le PPP 5G, l'Association pour l'infrastructure 5G (5G IA) représente le secteur privé et la Commission européenne représente le secteur public. La 5G IA est « la voix de l'industrie européenne pour le développement et l'évolution de la 5G ». À cette fin, l'association rassemble une communauté mondiale d'acteurs du secteur des télécommunications et du numérique, notamment des opérateurs, des fabricants, des instituts de recherche, des universités, des secteurs industriels et des PME.

Le contrat, daté du 17 décembre 2013, a été précédé des étapes nécessaires.

La décision n° 2008/411/CE de la Commission européenne, datée du 21 mai 2008 (voir annexe I, n° 52), est intitulée « relative à l'harmonisation de la bande de fréquences 3400-3800 MHz pour les systèmes terrestres capables de fournir des services de communications électroniques dans la Communauté ».

À la page 1, le considérant 2 stipule :

« L'attribution de la bande 3400-3800 MHz pour les applications fixes, nomades et mobiles est un élément important de la convergence des applications mobiles, fixes et de radiodiffusion, et reflète l'innovation technique ».

Le considérant 3 indique que « les services sans fil à large bande pour les communications électroniques auxquels la bande 3 400-3 800 MHz est destinée devraient être largement paneuropéens ».

Le 2 mai 2014, la Commission a publié la décision d'exécution (UE) 2014/276, modifiant la décision 2008/411/CE (voir annexe I, n° 53).

Le considérant 4 stipule :

« La bande de fréquences 3 400-3 800 MHz offre un potentiel important pour le déploiement de réseaux sans fil à haut débit et à haute densité afin de fournir des services de communications électroniques innovants aux utilisateurs finaux. L'utilisation de cette bande de fréquences devrait contribuer à la réalisation des objectifs économiques et sociaux de la stratégie numérique pour l'Europe. »

Le 26 août 2010, la Commission européenne a publié le document intitulé « Une stratégie numérique pour l'Europe » (COM (2010)245) (voir annexe I, n° 54).

À la page 8, il est indiqué :

« La stratégie numérique exige un engagement soutenu de la part de l'UE et de chaque État membre (y compris au niveau régional) ».

La page 24 stipule :

« Les États membres devraient élaborer et mettre en œuvre d'ici 2012 des plans nationaux pour le haut débit qui répondent aux objectifs en matière de couverture, de débit et d'utilisation fixés dans la stratégie Europe 2020 du 3 mars 2010 ».

Avant l'accord sur la 5G conclu le 17 décembre 2013, les bases avaient déjà été jetées, notamment grâce à ces documents politiques. On savait également déjà quelle bande MHz serait utilisée.

La décision de fermer la station terrestre de satellites à Burum n'est pas une surprise. Les protestations à ce sujet n'auront aucun effet : l'attribution des fréquences a été décidée au niveau européen. Cela concernait également la fréquence 3,5 GHz (voir annexe I, n° 55).

Il s'agit là d'un autre exemple de la manière dont les choses sont organisées. La lettre du ministre de la Justice et de la Sécurité datée du 1er avril 2019 (document parlementaire n° 24095, n° 465) contient les informations suivantes concernant la politique en matière de fréquences (voir également l'annexe I, n° 56).

En réponse aux questions parlementaires concernant l'article publié par RTLZ.nl le 21 mars 2019 selon lequel KPN avait l'intention de s'associer à Huawei pour la construction du réseau 5G, le ministre a fait la déclaration suivante :

« Un groupe de travail interministériel a été mis en place sous la direction du coordinateur national pour la sécurité et la lutte contre le terrorisme. En collaboration avec les trois principaux fournisseurs de télécommunications (KPN, T-Mobile et Vodafone-Ziggo), le groupe de travail procède à une analyse des risques liés à la vulnérabilité des réseaux de télécommunications 5G face aux abus des fournisseurs de technologies pour ces réseaux, et détermine les mesures nécessaires pour gérer ces risques. »

Le 11 juin 2019, le ministre a adressé une lettre à la Chambre (document parlementaire n° 24095, n° 478) accompagnée du mémorandum sur les communications mobiles (voir également l'annexe I, n° 57).

La lettre indique ce qui suit à la page 7 :

« Pour la prochaine mise aux enchères des bandes 700, 1400 et 2100 MHz, cela impose des restrictions sur la quantité de fréquences que KPN, Vodafone-Ziggo et T-Mobile/Tele2 peuvent acheter. Un acteur totalement nouveau sur le marché pourrait acheter toutes les fréquences disponibles lors de la mise aux enchères ».

Les trois opérateurs de télécommunications sont mentionnés à plusieurs reprises dans le mémorandum.

Dans la lettre adressée au Parlement le 1er juillet 2019 et intitulée « Mesures visant à protéger les réseaux de télécommunications et la 5G », le ministre de la Justice et de la Sécurité déclare à la page 3 :

« Avec la coopération des trois principaux opérateurs de télécommunications (KPN, T-Mobile, Vodafone et Ziggo), le groupe de travail a procédé à une analyse des risques liés à la vulnérabilité des réseaux de télécommunications face aux abus des fournisseurs de technologies. »

« Le renforcement nécessaire des exigences en matière de sécurité et d'intégrité des réseaux de télécommunications mobiles sera défini dans un « arrêté administratif général » (AMvB, partie intégrante de la loi et de la réglementation), qui sera publié cet automne. En raison des risques pour la sécurité nationale, la Chambre sera informée plus en détail des conclusions du groupe de travail dans un cadre confidentiel ».

Cela donne l'impression que le gouvernement élabore sa politique en consultation avec de grandes entreprises internationales. Le gouvernement agit-il comme une extension de ces entreprises, ou est-ce l'inverse ?

Des questions telles que la participation publique et la vie privée sont difficiles à appréhender en raison d'un manque de connaissances, que l'on soit député ou non. Ces questions sont contradictoires. Peut-on faire marche arrière ?

Le 28 novembre 2019, la décision a été publiée au Journal officiel (Stb. 2019 n° 457) sous le titre « Décision relative à la sécurité et à l'intégrité des télécommunications » (voir annexe I, n° 59).

Les notes explicatives à la page 3 indiquent :

« Le présent décret constitue la base des mesures qui doivent être prises pour mettre en œuvre le rapport du groupe de travail, tant aujourd'hui qu'à l'avenir ».

Toutefois, les noms KPN, Vodafone-Ziggo, T-Mobile (qui fait désormais partie de KPN) et Huawei n'apparaissent pas dans ce document, malgré leur implication dans le processus qui a conduit à cette décision. Le 28 avril 2020, le journal Algemeen Dagblad a publié l'article suivant :

« Vodafone lance aujourd'hui la 5G dans la moitié des Pays-Bas. Cela est remarquable étant donné que la première vente aux enchères de la 5G aux Pays-Bas n'a pas encore eu lieu et n'est prévue qu'en juin » (voir annexe I, n° 60).

Le 21 juillet 2020, la NOS a publié le rapport suivant :

« La vente aux enchères de la 5G rapporte 1,23 milliard d'euros. Le rôle de Huawei reste flou » (voir annexe I, n° 61).

« Le processus a duré trois semaines, avec la participation de trois fournisseurs : KPN, T-Mobile et Vodafone-Ziggo. Les trois fournisseurs ont obtenu une partie des trois bandes de fréquences mises aux enchères. »

En ce qui concerne Huawei, le secrétaire d'État a semblé suggérer que les fournisseurs de télécommunications peuvent prendre une décision même sans décision sur la participation de Huawei. Il a déclaré :

« **Les fournisseurs peuvent décider eux-mêmes avec quels fournisseurs ils souhaitent travailler ; cela ne me regarde pas.** »

Comme vous pouvez le constater, les citoyens n'ont pas leur mot à dire dans cette affaire, tout s'inscrit dans un processus plus large.

Les critiques du public ne sont pas prises en considération.

L'influence des parties prenantes semble considérable : treize nouvelles antennes ont été installées à la station terrestre de Burum depuis 2005, et elles doivent maintenant être déplacées ou démolies. C'est ce qu'indique le rapport publié sur le site web Tweakers le 2 décembre 2019, intitulé « Les services de renseignement délocalisent la station satellite de Burum à l'étranger » (voir annexe I, n° 62).

Lors du débat parlementaire sur la 5G du 6 février 2020, des discussions ont eu lieu et des questions ont été posées sur le déploiement de la 5G, l'implication chinoise (Huawei) et le déménagement de Burum (voir pages 14 et 15). Malgré la présence de trois ministres et d'un secrétaire d'État, peu d'éclaircissements ont été apportés à la Chambre. Il est recommandé de lire le rapport (voir annexe I, n° 1).

Quoi qu'il en soit, la discussion était dépassée. Le train roule à grande vitesse depuis des années. Un débat parlementaire n'y changera rien.

Il y a néanmoins eu un contretemps. Dans le Journal officiel 2021 n° 21970, daté du 30 avril 2021, le ministre a publié la décision « NFP Amendement 3.5 GHz Band », qui modifie le plan national de fréquences 2014 au profit de la 5G.

Immarsat Solutions B.V., propriétaire des antennes, a saisi la justice au motif qu'elle a l'obligation, en vertu du « traité IMSO », de fournir des services de communication pour les communications essentielles, urgentes et de sécurité, et que la station terrestre de Burum est cruciale à cet égard.

Le secrétaire d'État a été assisté dans sa défense par Vodafone, T-Mobile, KPN et ECT (Europe Container Terminals à Rotterdam). Ces entreprises ont présenté leurs points de vue.

Le 30 juin 2021, le juge a rendu son verdict et suspendu la décision du secrétaire d'État (ECLI : NL : RBROT:2021:6106).

Le juge présidant la procédure en référé a estimé que la décision avait été « indéniablement préparée avec négligence ». Le gouvernement et ses partenaires commerciaux étaient pressés et pensaient pouvoir s'en tirer à bon compte.

IV. Vers une société européenne du gigabit

Le 2 mars 2015, le commissaire européen chargé de l'économie et de la société numériques a prononcé un discours lors du Mobile World Congress à Barcelone. Ce discours a été publié sur le site web de la Commission européenne (voir annexe I, n° 63).

La GSMA (Global System for Mobile Communications Association), également connue sous le nom de GSM Association, organise cette conférence annuelle. Parmi les membres de son conseil d'administration figurent des représentants d'AT&T, de China Mobile, de China Telecom, de China Unicom, de Deutsche Telekom, du groupe Orange, de Telefónica et du groupe Vodafone.

Le discours du commissaire européen était intitulé « Sur la voie de la 5G ».

Citation :

« La numérisation de notre économie et de notre société s'accélère. Elle est inéluctable. Avec l'Internet des objets, nous entrons dans une nouvelle ère de connectivité, où des milliards d'appareils échangent des données et apportent de l'intelligence à notre vie quotidienne. Des montres aux chaussures. Des réfrigérateurs au chauffage. Des hôpitaux aux usines. Chaque secteur devra s'adapter à cette nouvelle réalité.

La 5G sera l'infrastructure de connectivité qui favorisera cette transformation industrielle et sociale. »

S'agit-il de la voix d'un politicien, d'un PDG ou d'un prophète ?

La vision du commissaire européen ne doit pas nécessairement être la nôtre, mais, comme d'habitude, on ne nous demande pas notre avis.

Le commissaire a également annoncé la « Stratégie pour un marché unique numérique pour l'Europe » (voir annexe I, n° 64).

Ce document d'orientation a été publié le 6 mai 2015 (COM (2015)192).

Dans son avant-propos, le président de la Commission européenne écrit :

« Je pense que nous devons mieux exploiter l'énorme potentiel des technologies numériques, qui ne connaissent pas de frontières. Pour ce faire, nous devrons avoir le courage de nous éloigner du cloisonnement national en matière de réglementation des télécommunications, de législation sur les droits d'auteur et la protection des données, de fréquences radio et d'application du droit de la concurrence. »

La conclusion à la page 21 stipule :

« La stratégie pour un marché unique numérique vise à transformer la société européenne afin qu'elle puisse aborder l'avenir avec confiance. »

La question est : l'avenir de qui ? Le nôtre ou le leur ?

Quoi qu'il en soit, les entreprises internationales l'attendent certainement avec impatience.

Quelques mois plus tard, le 28 septembre 2015, la Commission européenne a publié un communiqué de presse (voir annexe I, n° 65) :

« L'UE et la Chine ont signé un accord historique dans la course mondiale au développement des réseaux 5G. »

L'un des signataires de l'accord, le « commissaire européen chargé de l'économie et de la société numériques », a déclaré :

« La 5G sera l'épine dorsale de nos économies et sociétés numériques à travers le monde. C'est pourquoi nous soutenons fermement un consensus et une coopération mondiaux sur la 5G. En signant cet accord avec la Chine, l'UE s'est désormais associée à ses partenaires asiatiques les plus importants dans la course mondiale pour faire de la 5G une réalité d'ici 2020. Il s'agit d'une étape cruciale pour garantir le succès de la 5G. La 5G sera l'épine dorsale de nos économies et sociétés numériques à travers le monde. C'est pourquoi nous soutenons et recherchons un consensus mondial sur la 5G. En signant cet accord, l'UE s'associe à ses partenaires asiatiques les plus importants dans la course mondiale pour faire de la 5G une réalité d'ici 2020. »

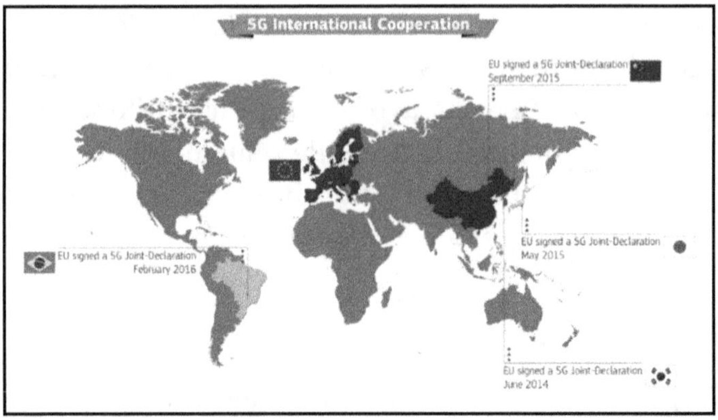

La carte est tirée de l'article « Coopération internationale sur la 5G » publié sur le site web de l'Union européenne.

Le prochain congrès, « MWC Shanghai 2022 », se tiendra à Shanghai du 29 juin au 1er juillet 2022 (voir le site web).

En outre, le « Dialogue UE-Chine sur les TIC » annuel est organisé depuis 2009.

Le 10 septembre 2020, la Commission européenne a publié le communiqué de presse « La Commission et la Chine tiennent leur premier dialogue numérique de haut niveau ».

Lors du 21e sommet UE-Chine qui s'est tenu à Bruxelles le 9 avril 2019, une « déclaration commune du sommet UE-Chine » a été publiée et signée par le président du Conseil européen, le président de la Commission européenne et le Premier ministre de la République populaire de Chine (voir annexe I, n° 66).

Ces documents sont disponibles sur le site web du Conseil européen.

La coopération internationale entre l'UE et la Chine est sans cesse réaffirmée et intensifiée à tous les niveaux.

Toutefois, des voix critiques s'élèvent dans les domaines des droits de l'homme et des tensions militaires. Elles font partie du processus politique et, comme vous le savez, les responsables politiques sont remplacés toutes les quelques années. Les évolutions mondiales dans les domaines des TIC, des transports et du commerce s'étendent sur plusieurs décennies. Un responsable politique n'est qu'un élément de ce processus et n'est jamais en mesure d'apporter des changements fondamentaux.

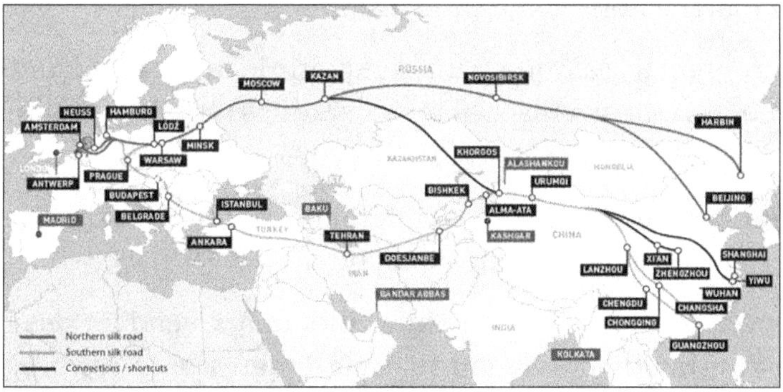

La carte ci-dessus est tirée d'un article du quotidien Trouw du 6 mars 2018, intitulé « 11 000 kilomètres de voie ferrée relient Amsterdam à la Chine » (voir annexe I, n° 67).

Des projets comme ceux-ci sont le résultat de décennies de planification. Les politiciens ne font que s'occuper de la boutique.

Le même tableau se dégage des rapports annuels des grandes entreprises internationales, publiés sur leurs propres sites web.

Ces développements se déroulent en dehors de la vie quotidienne des citoyens. Depuis des décennies, les médias leur répètent que leurs problèmes ne sont pas résolus.

En réalité, nous nous débrouillons tant bien que mal. De temps à autre, un scandale ou une crise éclate, suivi d'un tollé médiatique. Puis, nous reprenons le cours normal de nos activités.

Les problèmes qui existeraient avec la Chine, régulièrement rapportés par les médias, ne peuvent être replacés dans leur contexte compte tenu des contrats et des projets à long terme, tels que les lignes ferroviaires et les événements liés à la 5G.

En fin de compte, les processus à long terme sont déterminés par des stratèges non élus qui ont de l'argent et donc du pouvoir.

Les personnes au pouvoir réfléchissent de manière stratégique dans le but de conserver leur position et leur pouvoir.

La stratégie ne peut exister que si elle n'est pas comprise. Les conditions de son existence découlent de notre système économique, à savoir le « marché libre » et la concurrence.

Tout entrepreneur sait que pour conquérir le marché, il faut être plus malin que ses concurrents. Les considérations morales n'ont ici aucune importance.

Les multinationales, la politique internationale et, bien sûr, le lobbying font tous partie de cette stratégie mondiale.

Les agences de presse et les médias mondiaux vendent des histoires aux masses, tandis que le journalisme indépendant est progressivement privé de ses ressources financières et que les médias sont rachetés ou interdits.

Cela crée la perception souhaitée de la réalité parmi les citoyens, qui sont enclins à faire ce que le gouvernement prescrit, car c'est cela prendre ses responsabilités.

Sinon, ces mêmes citoyens sont considérés comme faisant partie du problème par ceux qui détiennent le pouvoir.

Le 14 septembre 2016, la Commission européenne a publié le document COM (2016)587, intitulé :

« **La connectivité au service d'un marché unique compétitif : vers une société européenne du gigabit** » (voir annexe I, n° 68).

Le document politique suivant a été publié en référence à ce document :

« **Résolution du Parlement européen du 1er juin 2017 sur la connectivité internet pour la croissance, la compétitivité et la cohésion : la société européenne du gigabit et la 5G** » (voir IMCO/8/08472 – 2016/2305(INI)).[17]

Ce document stipule ce qui suit au point 20 :

« **Le Parlement européen considère que la 5G est plus qu'une évolution du haut débit mobile et s'attend à ce qu'elle joue un rôle clé dans**

---

17. *Voir annexe I, n° 69.*

le paysage numérique de demain en tant qu'infrastructure de haut débit omniprésente et ultra-rapide de nouvelle génération. Elle soutiendra la transformation des processus dans tous les secteurs économiques, y compris le secteur public, l'éducation, la diffusion de contenus par le biais de médias convergents, les soins de santé, l'énergie, les services publics, l'industrie manufacturière, les transports, l'audiovisuel, l'automobile, la réalité virtuelle (RV) et les jeux en ligne. Elle permettra également de fournir des services abordables, flexibles, interactifs, fiables et entièrement personnalisés, susceptibles d'améliorer la vie de chaque citoyen. »

En d'autres termes :

« **Des services personnalisés** » **pour chaque citoyen dans une** « **société gigabit** » **dotée d'une** « **infrastructure à large bande ultra-rapide omniprésente** » **dans un** « **marché unique concurrentiel** ».

Mais que se passe-t-il si les citoyens sont considérés comme faisant partie d'un « problème » ? Exclusion des services personnalisés ?

L'Europe est-elle un « marché » ?

Quels intérêts sont servis ici ? Ceux des citoyens ou ceux des entreprises internationales ?

Trois semaines plus tôt, le 10 mai 2017, la Commission européenne avait publié le document COM (2017)228, intitulé « Communication sur l'examen à mi-parcours de la mise en œuvre de la stratégie pour le marché unique numérique » (voir annexe I, n° 70).

La page 4 fait référence au « rôle décisif que jouera la technologie numérique dans la transformation de l'Europe ». La page 16 fait référence à « la transformation numérique de notre société ».

La page 29, sous « Conclusion », indique :

« **La Commission est déterminée à aller de l'avant avec les États membres, les parties prenantes et les partenaires sociaux. La première étape consiste pour les colégislateurs à parvenir rapidement à un accord sur les propositions actuellement sur la table dans le cadre de la stratégie pour le marché unique numérique. Le Conseil européen a un rôle crucial à jouer à cet égard et peut fournir l'impulsion**

politique nécessaire à l'adoption et à la mise en œuvre en temps utile des propositions. »

La résolution du Parlement européen susmentionnée contient également une référence aux « Conclusions » du Conseil européen du 28 juin 2016 (voir annexe I, n° 71).

Ce document contient un texte impératif, comme on peut le voir à la page 4, au point 11 :

« Le Conseil européen a adopté aujourd'hui un programme appelant à des progrès rapides et déterminés afin de garantir que toutes les parties prenantes tirent pleinement parti du marché numérique. »

La page 5, point 12, stipule :

« Le Conseil rendra compte chaque année au Conseil européen des progrès accomplis dans l'approfondissement du marché unique sous tous ses aspects. »

À la page 6, le point 16 stipule :

« Le Conseil européen a fait le point sur les progrès accomplis dans la réalisation de l'Union économique et monétaire et demande que les travaux soient intensifiés. »

Une fois de plus, l'accent est mis sur les « parties prenantes » et le « marché », plutôt que sur « une union sans cesse plus étroite entre les peuples de l'Europe » et « les peuples des États unis dans la Communauté », comme le prévoit le traité de Rome du 25 mars 1957.

Les termes « communauté » et « unis » décrivent une réalité différente de celle que l'on connaît aujourd'hui à Bruxelles.

L'article 2 du traité fait référence à un « marché commun ». Il ne s'agit pas d'un « marché unique » ni d'une « société gigabit ».

Il est clair que la Communauté économique européenne a subi une transformation au cours des 64 dernières années.

V. De la Communauté économique européenne à l'Union européenne

La structure initiale du traité de Rome de 1957 était complètement différente de celle du traité de Lisbonne de 2009.

Le 18 avril 1951, le traité de Paris a été conclu, intitulé « Traité instituant la Communauté européenne du charbon et de l'acier » (CECA).

Le 25 mars 1957, ce traité a été suivi du « Traité instituant la Communauté européenne de l'énergie atomique » (Euratom) et du « Traité instituant la Communauté économique européenne » (CEE), également connu sous le nom de Traité de Rome.

Il a été suivi du traité instituant un Conseil et une Commission communs aux Communautés européennes, également connu sous le nom de traité de fusion. Ce traité a été signé le 8 avril 1965 et est entré en vigueur le 1er juillet 1967.

Il y avait quatre institutions :

1. L'Assemblée, qui est devenue par la suite le Parlement européen et dont les pouvoirs étaient limités ;

2. Le Conseil, qui coordonnait la politique économique et disposait de pouvoirs décisionnels ;

3. La Commission, qui était indépendante et disposait d'un droit d'initiative ; le Conseil prenait les décisions sur proposition de la Commission.

L'article 157 stipule sans équivoque que « les membres de la Commission sont totalement indépendants dans l'exercice de leurs fonctions, dans l'intérêt général de la Communauté. Dans l'exercice de leurs fonctions, ils ne sollicitent ni n'acceptent d'instructions d'aucun gouvernement ni d'aucun organisme ».

4. La Cour de justice de l'Union européenne (CJUE) veille au respect du droit dans l'interprétation et l'application du présent traité (article 164).

« À cette fin, elle est compétente pour statuer sur toute action intentée par un État membre, le Conseil ou la Commission pour défaut de

compétence, violation d'une forme substantielle, violation du présent traité ou de toute règle de droit relative à son application, ou détournement de pouvoir » (article 173).

L'objectif du traité est énoncé à l'article 2 :

« **Le développement harmonieux de l'activité économique dans l'ensemble de la Communauté** ».

L'article 104 stipule :

« **Chaque État membre mène la politique économique nécessaire pour assurer l'équilibre global de ses paiements et maintenir la confiance dans sa monnaie, tout en assurant un niveau élevé d'emploi et la stabilité des prix** ».

En bref, ce traité porte sur l'harmonisation, la recherche de l'équilibre et la coordination. En résumé, il s'agit de travailler ensemble et de tenir compte des intérêts de chacun.

Cependant, à l'heure actuelle, la « Communauté » est devenue un bloc de pouvoir centralisé et bureaucratique qui s'immisce de plus en plus dans tous les aspects de la vie quotidienne des citoyens, donne des leçons aux États membres, ne parvient pas à résoudre les problèmes graves et a perdu de son prestige aux yeux de beaucoup.

Les rédacteurs du traité de Rome ont reconnu cette possibilité et, afin de préserver son caractère, ont prévu des mesures de précaution dans le traité.

L'indépendance de la Commission, telle qu'énoncée à l'article 157, est de la plus haute importance.

Une deuxième garantie a été intégrée dans l'article 105, qui comporte deux parties.

Le paragraphe 1 stipule :

« **Afin de faciliter la réalisation des objectifs visés à l'article 104, les États membres coordonnent leurs politiques économiques.**

À cette fin, ils établissent une coopération entre leurs services compétents et entre leurs banques centrales.

La Commission adresse au Conseil des recommandations en vue de l'établissement de cette coopération.

Le paragraphe 2 stipule :

« Afin de promouvoir la coordination des politiques monétaires des États membres dans toute la mesure nécessaire au fonctionnement du marché commun, il est institué un comité monétaire à caractère consultatif, dont la mission est de suivre la situation monétaire et financière des États membres et de la Communauté, ainsi que le régime général des paiements entre les États membres, et de faire régulièrement rapport au Conseil et à la Commission sur ces questions, soit à la demande du Conseil ou de la Commission, soit de sa propre initiative, en émettant des avis à l'intention de ces institutions. Les États membres et la Commission nomment chacun deux membres du comité monétaire.

Le paragraphe 1 concerne la coordination des politiques économiques entre les États membres, tandis que le paragraphe 2 concerne la politique monétaire.

Dans les années 1960, les « chefs d'État ou de gouvernement » ont tenu plusieurs conférences, dont la première a eu lieu les 10 et 11 février 1961 à Paris.

Un communiqué a été publié (voir annexe I, n° 103), qui fixait l'objectif d'une coopération politique plus étroite dans le but de jeter les bases d'une future « Union ».

La deuxième conférence s'est tenue le 18 juillet 1961 à Bonn et a donné lieu à un nouveau communiqué (voir annexe I, n° 104), qui contenait un accord visant à « donner corps à la volonté politique de réaliser une union politique » et à se réunir régulièrement pour promouvoir cet objectif.

Il y était explicitement question de la « future intégration politique de l'Europe ».

La troisième conférence s'est tenue à Rome les 29 et 30 mai 1967 pour célébrer le dixième anniversaire de la CEE.

Le point 5 du communiqué (voir annexe I, n° 105) indiquait que les chefs d'État ou de gouvernement avaient demandé aux ministres des affaires étrangères d'examiner les possibilités de resserrer les liens politiques entre les États membres.

Les questions soulevées lors de la conférence ont été débattues au Parlement européen, qui a publié une résolution (voir annexe I, n° 106) approuvant les résultats obtenus lors des conférences, notamment le renforcement des liens politiques et les progrès réalisés en matière d'intégration politique et économique.

Par cette résolution, le Parlement européen approuvait les initiatives prises par les chefs d'État et de gouvernement en dehors du traité de Rome à l'occasion des célébrations de l'anniversaire.

À la suite de cette légitimation, l'étape suivante a pu être franchie : la conférence de La Haye les 1ers et 2 décembre 1969.

Le communiqué (voir annexe I, n° 107) confirmait que l'objectif était de parvenir à une « union économique et monétaire ». Le traité de Rome ne précisait pas ce que cela impliquerait.

Le 19 novembre 1969, la Commission de la Communauté européenne a approuvé cet objectif dans un mémorandum adressé aux chefs d'État et de gouvernement (voir annexe I, n° 108).

Le Parlement européen a approuvé cette ligne de conduite dans une résolution publiée le 3 novembre 1969 (voir annexe I, n° 109).

Les parties qui tiraient leur légitimité du traité de Rome s'étaient engagées à respecter les aspirations politiques des chefs d'État et de gouvernement.

En d'autres termes, elles s'étaient subordonnées à ces aspirations, ce qui était totalement contraire à l'esprit et à l'intention du traité.

Il était désormais possible de créer progressivement des unions politiques, économiques et monétaires, ce que le traité de Rome ne prévoyait pas.

L'autonomie des États membres dans ces domaines, puis dans d'autres, a été démantelée au détriment des seuls véritables intéressés : les citoyens des États membres.

Trois autres conférences ont suivi : à Paris du 19 au 21 octobre 1972, à Copenhague du 14 au 15 décembre 1973 et à nouveau à Paris du 9 au 10 décembre 1974.

À partir de 1975, le « Conseil européen » a été créé, composé des chefs d'État et de gouvernement, qui se réunissaient tous les six mois pour déterminer la politique européenne.

Par la suite, un « Fonds monétaire européen » et un « Système monétaire européen » ont été créés, ouvrant la voie à l'euro.

Le processus politique, également connu sous le nom de « coopération politique européenne », a été légitimé en 1987 par un acte européen, dans lequel les « chefs d'État et de gouvernement » des États membres se sont désignés eux-mêmes comme le « Conseil européen » à la tête du processus.

Cet « acte » n'a rien à voir avec le traité de Rome. Grâce à cet amendement au traité, le traité de Maastricht a ensuite été établi, conduisant à la situation actuelle.

La partie II de cet ouvrage explique comment ces développements se sont produits, en se référant aux documents pertinents.

Le traité de Rome contient des accords et des règlements concernant les modifications. Cependant, ceux-ci n'ont pas été pris en compte lors de la rédaction de l'acte.

Comme les opinions et les circonstances des personnes peuvent changer, les traités peuvent être modifiés selon les procédures qui y sont décrites.

Les politiciens accèdent à leur poste sans que le public sache ce qu'ils ont en tête ou quel programme ils poursuivent. La véritable nature des intentions d'un politicien ne peut jamais être pleinement déterminée. Ils peuvent être motivés par un idéal ou une idéologie. La discipline de parti peut également jouer un rôle, tout comme le chantage ou les menaces.

Il y a ensuite les conseillers en communication, la formation aux médias et le lobbying.

Les gens voient l'image et entendent l'histoire. À mesure que les faits ou les circonstances changent, l'image ou l'histoire peuvent être ajustées.

Le facteur décisif est la capacité à « vendre » l'histoire. Nous en faisons l'expérience chaque jour à travers les médias.

Cependant, l'article 157 du traité de Rome exige des qualités différentes :

« La Commission est composée de neuf membres, choisis en raison de leur compétence générale et offrant toutes les garanties d'indépendance.

Les membres de la Commission exercent leurs fonctions en toute indépendance, dans l'intérêt général de la Communauté. Dans l'exercice de leurs fonctions, ils ne sollicitent ni ne prennent d'instructions d'aucun gouvernement ni d'aucun organisme. Ils s'abstiennent de tout acte qui pourrait être perçu comme étant incompatible avec la nature de leur fonction. Chaque État membre s'engage à respecter cette indépendance et à ne pas chercher à influencer les membres de la Commission dans l'exercice de leurs fonctions. »

Les principes qui sous-tendent cet article sont au cœur du traité et représentent le plus haut niveau de réalisation possible entre les États et leurs citoyens.

Sans une loyauté sincère à cet engagement, celui-ci ne peut survivre. Les politiciens indépendants n'existent pas, car ils se sont révélés incapables de résister aux forces extérieures tout en restant fidèles au traité.

À la suite des conférences des chefs d'État et de gouvernement, du Conseil européen qui a suivi et de la formalisation de leur position de leadership par l'Acte et le traité de Maastricht de 1992, l'indépendance est devenue une chose du passé.

Les questions monétaires et économiques sont désormais étroitement liées à la politique.

Le résultat de ces évolutions est que le pouvoir n'appartient plus à la politique, mais aux entreprises internationales (c'est-à-dire les 1 % les plus riches). Elles ont l'argent et déterminent ce qui va se passer.

Les politiciens sont sélectionnés et promus par les médias sans même s'en rendre compte eux-mêmes. Les connaissances approfondies ne sont pas un facteur décisif. Le narcissisme et le talent d'acteur sont d'autant plus importants.

Si un politicien agit de sa propre initiative et va trop loin, on lui montrera discrètement les limites de ses possibilités. Si le politicien rebelle persiste dans ses efforts malvenus, il perdra immédiatement la face dans les médias et sa carrière sera terminée.

De nos jours, les politiciens sont des personnes mieux connues des citoyens que leurs voisins.

Cela les rend vulnérables d'une manière que les citoyens sous-estiment souvent.

Les politiciens qui pensent avoir les choses « sous contrôle » peuvent être confrontés à la réalité, comme ce fut le cas avec l'administration fiscale et douanière. Les gens n'ont aucune idée de ce qui s'y passe et se rendent soudain compte qu'ils n'ont aucun contrôle.

De nos jours, le véritable pouvoir appartient aux entreprises technologiques, pharmaceutiques, médiatiques, énergétiques, etc.

Tout tourne autour de l'informatique, des données, du comportement et de l'enregistrement de ce comportement : l'administration fiscale et douanière, l'agence d'assurance des salariés, les transports publics, les soins de santé, l'aide au désendettement, le système judiciaire, les associations de logement, les banques, les compagnies d'assurance, les fonds de pension.

Dans un système de libre marché, tout est question de recrutement, de sélection et de contrôle.

L'enregistrement équivaut à des données, qui équivalent à du pouvoir ; la politique n'a en soi que peu d'importance.

En fin de compte, toutes ces données peuvent être ramenées à des données monétaires, c'est-à-dire à l'argent. Et tout cela se retrouve en un seul endroit.

Il est remarquable que quelque chose ait été créé à Francfort à cette fin : la Banque centrale européenne. En substance, cette banque centrale est une pompe à argent vide, créée après le traité de Maastricht et légitimée par celui-ci.

Les politiciens ont aussi peu de contrôle sur cet appareil que sur les autorités fiscales, ce qui est pour le moins inquiétant.

Comme l'a dit l'ancien président Eisenhower, les politiciens n'ont pas non plus de connaissances médicales et n'ont donc aucun contrôle sur le complexe médico-pharmaceutique.

Ce complexe médico-pharmaceutique s'est révélé capable de bouleverser l'économie mondiale par l'intermédiaire des politiciens.

La pompe à argent de Francfort passe à la vitesse supérieure pendant les confinements causés par la pandémie de coronavirus. Tout le monde reçoit de « l'argent » et adapte son comportement.

D'un simple clic, une « crise » soudaine peut être générée. Le chaos et l'anarchie s'ensuivent, les sirènes retentissent et l'intervention a lieu.

Qui nous « gouverne » réellement ?

Le fait que cette question puisse même être posée est un signe inquiétant de ce qui nous attend. Le véritable pouvoir est invisible.

Ce qui est certain, c'est que nous sommes aujourd'hui complètement dépendants d'un système. Nous vivons avec des cartes en plastique et avons des obligations financières sous forme d'impôts, de loyers et d'hypothèques.

Les politiciens ne résolvent pas les problèmes. Au lieu de cela, ils racontent des histoires à travers les médias, que nous discutons ensuite entre nous.

Une autre preuve que les gens perdent pied face à la folie numérique croissante peut être trouvée dans le rapport publié sur le site web Computable le 24 novembre 2020 :

Une protection nécessaire contre les algorithmes « nuisibles »

« Le gouvernement examinera de plus près si des mesures sont nécessaires pour contrer les effets négatifs des algorithmes sur les consommateurs.

Trois études ont été menées sur « les effets indésirables des algorithmes d'auto-apprentissage ». Les résultats indiquent que les effets imprévus ont trois causes principales. Celles-ci s'appliquent à la fois aux algorithmes basés sur des règles et aux algorithmes d'auto-apprentissage.

La première est une compréhension incomplète ou incorrecte de l'espace problématique, c'est-à-dire l'environnement dans lequel l'intelligence artificielle est déployée et dans lequel elle doit atteindre des objectifs spécifiques.

Deuxièmement, l'algorithme peut ne pas être correctement adapté à l'environnement complexe dans lequel il est utilisé.

Une troisième erreur courante est que l'algorithme n'est pas correctement intégré dans un contexte sociotechnique plus large » (voir annexe I, n° 110).

Peut-on appeler le médecin ?

Il s'agit là d'un cas où l'aveugle guide l'aveugle, et aucune explication satisfaisante n'est possible.

Un autre exemple qui démontre l'impuissance réelle des politiciens est le suivant :

Depuis quelque temps, nous sommes bombardés de publicités dans les médias concernant l'arrivée non sollicitée de la radio numérique DAB.

L'intention est de supprimer la diffusion FM afin que la réception numérique soit la seule option possible.

Cela signifie que toutes les radios analogiques peuvent être mises au rebut, ce qui est très durable.

Comme pour les compteurs d'énergie intelligents, la méthode « incitation et menace » est utilisée, accompagnée de publicités mettant en scène des animateurs de talk-shows et des personnalités néerlandaises. Ils attirent notre attention sur les avantages de ce qui est inévitable.

Le 5 janvier 2017, le quotidien Trouw a publié un article sensationnel sur ce sujet (voir annexe I, n° 111).

La Norvège supprime la FM, au grand dam de nombreux utilisateurs

Quelques citations :

« La Norvège commencera à démanteler son réseau FM la semaine prochaine. Le gouvernement norvégien estime qu'il est temps de passer complètement à la radio numérique, mais une grande partie de la population n'est pas favorable à cette mesure. L'Europe observe la situation avec curiosité.

Selon le journal Dagbladet, pas moins de 66 % de la population est opposée à la décision du gouvernement de supprimer le réseau FM. Seuls 20 % y sont favorables.

Pendant ce temps, d'autres pays européens qui ont également décidé de généraliser la radio numérique observent la Norvège avec intérêt. Si le démantèlement des anciennes fréquences radio en Norvège se déroule comme prévu, cela pourrait encourager la transition européenne vers la radio numérique.

C'est ainsi que cela fonctionne. Il faut leur imposer cette mesure de manière si radicale qu'ils n'ont d'autre choix que de l'accepter. Personne ne se soucie de ce que pensent ou veulent les citoyens.

L'avantage de cette approche est qu'elle générera des revenus importants, avec l'avantage supplémentaire de fournir au gouvernement un aperçu en temps réel de ce que la population écoute à un moment donné.

L'analogique est à sens unique, ce qui rend impossible la méthode de collecte de données souhaitée.

L'analogique doit donc disparaître, tout comme l'argent liquide, car il pose problème.

L'argent liquide est déjà largement numérique, et de plus en plus de distributeurs automatiques disparaissent. Les garçons à scooter équipés d'explosifs donnent le coup de grâce. Cela donne presque à réfléchir.

L'article suivant a été publié sur le site web Computable le 24 novembre 2020 (voir annexe I, n° 112) :

Rabobank investit dans de nouveaux moyens de paiement

Quelques citations :

« Rabobank a mis en place trois nouveaux modes de paiement en peu de temps. Avec 06-betalen, vous pouvez payer directement à partir de la liste de contacts de votre téléphone ; le laitier en ligne Picnic a mis au point une carte de débit numérique ; et le premier compte bancaire pour jetons a récemment été lancé.

Avec 06-betalen, vous pouvez facilement payer les contacts de votre répertoire téléphonique. Vous n'avez pas besoin de saisir un numéro IBAN pour effectuer un paiement. Surepay, une start-up indépendante de Rabobank basée à Utrecht, a développé un logiciel qui traduit le numéro de téléphone portable d'une personne en un numéro IBAN.

Ce logiciel est intégré à IBAN Name Check afin de prévenir la fraude et le phishing. Cet algorithme intelligent vérifie si les informations saisies pour les paiements en ligne correspondent à celles connues de la banque.

Le logiciel permet également d'éviter les erreurs. IBAN Name Check est désormais utilisé par Rabobank, ING, ABN Amro, SNS, ASN et Regiobank.

La société fintech est également en pourparlers avec de grandes banques étrangères au sujet de cette nouvelle technologie. Ces discussions sont menées via SWIFT, l'organisation internationale qui facilite les paiements transfrontaliers. L'algorithme est également utile dans les tests que Swift mène avec cinquante banques pilotes pour valider l'exactitude des noms des bénéficiaires.

En d'autres termes, vous n'avez pas à vous en soucier, nous nous en chargeons pour vous.

En cas de problème entre vous et le gouvernement, le commutateur sera immédiatement actionné, vous permettant de vous présenter aux autorités compétentes.

L'argent liquide est synonyme de confidentialité et de liberté de choix. C'est quelque chose dont les véritables parties prenantes n'ont absolument pas besoin.

Mais ce n'est pas tout :

« Grâce au logiciel de vérification des noms IBAN Surepay de la société néerlandaise Friss, les organisations peuvent vérifier les données des clients et des fournisseurs afin de prévenir la fraude et les erreurs. Par exemple, l'algorithme est utilisé pour accepter de nouveaux assurés et vérifier les virements.

Par ailleurs, la banque collabore avec Picnic pour lancer la première carte de débit numérique. Au début du mois, le supermarché en ligne a lancé un projet pilote dans le cadre duquel les clients peuvent être parmi les premiers aux Pays-Bas à utiliser leur carte de débit Maestro pour faire des achats en ligne. Ce nouveau moyen de paiement sécurisé est le fruit d'une collaboration entre Rabobank, Mastercard et la plateforme de paiement en ligne Adyen.

Si le test est concluant, un déploiement à l'échelle nationale suivra rapidement.

En enregistrant leur carte de débit Maestro sur leur compte Picnic, les clients peuvent payer leurs courses en ligne en un seul clic.

Selon l'un des cofondateurs de Picnic, les clients apprécient de pouvoir comparer immédiatement leur ticket de caisse avec leur relevé bancaire, et ils peuvent désormais le faire dès la livraison de leurs courses.

De quoi empêcher les gens de dormir la nuit ! Des structures mondiales de paiement numérique sont mises en place afin que nous, citoyens inquiets, puissions être immédiatement rassurés sur les questions de reçus et de relevés bancaires lorsque nous faisons nos courses.

Enfin résolu.

C'est le résultat d'un « système de production et de suivi » conçu pour maximiser l'efficacité et donc les rendements.

C'est une « machine efficace et performante », comme le dit le directeur, en d'autres termes, l'automatisation et la numérisation de tout.

Le nœud du problème est que nous ne sommes jamais consultés. Tout est « mis en place » au-dessus de nos têtes par des geeks qui ne se rendent pas compte des conséquences potentielles sur notre vie personnelle et sociale.

Les plus grandes entreprises actuelles, telles que les associations de logement, concluent des accords avec de grandes sociétés d'installation technologique et, ensemble, elles font pression sur les locataires pour qu'ils installent des « compteurs intelligents ».

Le fait que les compteurs analogiques fonctionnent correctement n'a aucune importance. Tout est mis au rebut, tout comme les radios analogiques.

Ils ne vous diront pas qu'il n'y a aucune obligation légale d'autoriser l'installation de ces compteurs dans votre logement.

De plus, la technologie numérique permet une communication bidirectionnelle, vous permettant de voir en temps réel qui est chez lui dans un quartier donné et qui ne l'est pas.

Les collecteurs de données envahissent nos moyens de communication, nos récepteurs multimédias, nos voitures, nos maisons, nos comptes bancaires, nos dossiers médicaux et nos lieux de travail.

Ces évolutions se poursuivent sans relâche pendant que nous restons assis à regarder le jeu politique à travers les médias.

Le gouvernement soutient fortement ces évolutions. Le 28 mai 2018, le ministre de la Justice et de la Sécurité a présenté la « Dutch Cybersecurity Alliance » (voir annexe I, n° 113), qui est une collaboration entre le gouvernement, les entreprises et la communauté scientifique.

Parmi les signataires figuraient : KPN, Rabobank, PostNL, Deloitte, Schiphol, ICANN (une société internationale américaine impliquée dans la distribution d'adresses IP), NCTV (le coordinateur national pour la sécurité et la lutte contre le terrorisme), AIVD, ECP (la plateforme néerlandaise de commerce électronique), la police nationale et VNO-NCW.

En fin de compte, il s'agit d'une structure numérique de plus en plus intégrée dont les signataires, y compris l'« État », font tous partie.

VI. Une alternative à la situation actuelle

Il est clair que des changements fondamentaux seront nécessaires pour garantir les moyens de subsistance des générations futures.

Le changement peut être réalisé de manière harmonieuse en s'appuyant sur les connaissances et l'expérience accumulées dans le passé.

En 2010, un livre a été publié aux Pays-Bas sur notre vie quotidienne dans le passé et son évolution jusqu'à nos jours : *Royaume plein de bidonvilles : l'histoire des Pays-Bas. Les bidonvilles et la saleté au XIXe siècle,* par Auke van der Woud.

La citation suivante illustre les défis liés à la mise en œuvre de changements évidents dans la vie sociale :

« Après le milieu du XIXe siècle, au nom des Lumières et de la civilisation, la lutte contre la défécation publique a commencé. En 1846, le docteur Sarphatie a été l'un des premiers à exhorter les autorités municipales d'Amsterdam à éliminer les excréments (et leur production) des rues. Il a réussi à faire installer des toilettes publiques et des urinoirs inodores dans les rues.

Cependant, cette modeste offensive civilisatrice fut de courte durée. Le commandement de la propreté est normatif ; il exige que les impurs s'adaptent et se soumettent. Cela peut facilement dégénérer en une bataille autour des excréments pour montrer qui est le chef.

La saleté et la puanteur peuvent être farouchement défendues afin de revendiquer un espace public.

Les habitations insalubres et les caniveaux puants des bidonvilles, ainsi que les poissons pourris dans les rues, ne sont pas seulement le signe de la pauvreté, mais marquent également le territoire des pauvres.

Les habitants des bidonvilles de Leeuwarden qui ont chassé les éboueurs municipaux défendaient leur territoire, leur liberté et leur dignité dans le petit monde qu'ils s'étaient créé.

Les fosses septiques inodores de Sarphati ont été détruites presque immédiatement après leur installation. Les défenseurs de la saleté

les ont rapidement rendues inutilisables en y jetant des pierres et du gravier, et tout ce qui pouvait être arraché a fini dans le canal.

Le nettoyage de la ville ne se limitait pas à des questions techniques ; il concernait également le comportement, la morale, l'abandon de la liberté et l'adaptation. Les habitants de la ville devaient abandonner leurs coutumes médiévales et commencer à se comporter de manière moderne et décente. Les excréments et l'urine sont devenus un problème moral pour des raisons d'hygiène et, tout comme la fornication, ils étaient chargés de honte. Uriner et déféquer dans les rues et sur les places est devenu indécent.

Dans le cadre de ce changement culturel, la communauté pauvre, qui n'avait jamais connu l'intimité à la fin du XIXe siècle, a appris ce que cela signifiait.[18]

Notre société est confrontée à des changements similaires. C'est une question de vision et de persévérance.

À l'époque, le gouvernement était confronté à la tâche ardue de s'attaquer à un système économique difficile, à la pauvreté généralisée, à l'analphabétisme, au manque d'eau courante, à l'absence de système d'égouts et au manque d'électricité.

Les installations médicales étaient rares et la mortalité infantile était élevée.

C'est dans ce contexte que le roi et le gouvernement néerlandais ont pris des mesures, en introduisant en 1848 une nouvelle constitution qui incluait, entre autres, le droit d'association. En d'autres termes, une constitution pour tous, sans exception.

Cela semblait être un acte de foi : si le peuple devait prendre conscience de ses droits, il devait également comprendre le concept de responsabilité.

---

18. Auke van der Woud, *Kingdom full of slums, slums and filth in the nineteenth century*, Amsterdam 2010, 307-308.

Il s'agissait de prendre conscience que ses propres actions ont des conséquences et que la cohésion sociale et la solidarité sont fondamentales. Il s'agissait en substance d'une forme d'éducation.

L'idée était qu'il ne peut y avoir de liberté sans responsabilité.

Afin de sensibiliser la population à ses droits, il fallait lui apprendre à lire et à écrire.

Ce n'était pas une tâche facile : les gens travaillaient pour vivre et le travail des enfants était la norme.

Ils ne possédaient rien, ne savaient rien et n'étaient rien.

Pour éduquer la population, il fallait agir avec persévérance et détermination.

En raison du système économique qui existe encore aujourd'hui, il y a toujours eu des personnes au pouvoir qui souhaitaient maintenir le statu quo. Une population émancipée pouvait être un fardeau et une menace.

La difficulté de cette tâche est évidente si l'on considère la « loi sur les enfants » de Van Houten de 1874, douze ans après l'abolition officielle de l'esclavage en 1863.

Cette loi interdisait aux enfants de moins de douze ans de travailler dans les usines et les ateliers.

Cependant, les parents devaient toujours survivre, et il y avait bien sûr des parties prenantes qui ne voulaient pas accepter le changement.

Le problème ne put être réellement résolu qu'après l'introduction de l'enseignement obligatoire pour les enfants âgés de six à douze ans en 1901. Grâce à l'inspection de l'enseignement, il devint possible de vérifier si les enfants fréquentaient réellement l'école.

Les personnes qui ont vécu en mode survie pendant des générations et qui n'ont aucune notion de planification pour l'avenir, ni même pour le lendemain, ne sont pas enclines au changement.

Elles étaient sans instruction : les livres, les journaux, les atlas, les calendriers, l'histoire et les horloges dépassaient leur compréhension, qui ne s'étendait pas au-delà de leur rue ou de leur quartier. Elles apprenaient d'où elles venaient et où elles allaient à l'église.

Outre la conscience religieuse, une conscience politique a également émergé parmi les classes populaires grâce aux écrits de Marx et Engels, favorisant un sentiment d'unité sous la bannière du socialisme.

Cela a stimulé le développement de l'estime de soi et la capacité à réfléchir, à discuter et à prendre des initiatives collectives, ce qui était inconnu à l'époque.

De bas en haut, on a pris de plus en plus conscience de l'importance du développement personnel par l'éducation.

Il est à noter que le Manifeste communiste a été publié la même année (1848) que la nouvelle constitution.

Cela peut être vu à la lumière de la Révolution française de 1789. La classe dirigeante devait tenir compte de ceux qui se trouvaient en dessous d'elle, sinon les choses pouvaient mal finir.

La Constitution et le Manifeste ont effectivement ouvert la voie à la résolution pacifique des conflits grâce à l'alphabétisation. Mieux vaut prendre la plume que l'épée.

Seize ans après l'introduction de l'enseignement obligatoire, le suffrage universel a été instauré en 1917. Peu à peu, les citoyens se sont davantage impliqués dans le gouvernement et ont pris conscience de la politique.

Une autre question fondamentale était celle du logement. La situation était désastreuse.

En 1902, la loi sur le logement a été introduite afin de fournir des logements sociaux responsables. Ces logements devaient répondre à certaines exigences, notamment en matière d'hygiène.

Des associations de logement ont été créées, composées de locataires qui en étaient membres et pouvaient convoquer des réunions.

Il s'agissait d'une forme de démocratie locale. Les citoyens avaient ainsi les moyens de gérer leurs propres affaires dans une certaine mesure.

Jusqu'aux années 1960, le gouvernement pouvait être considéré comme le moteur de la participation citoyenne.

Cependant, les choses ont commencé à changer après l'avènement de la pensée « libre marché ». Le gouvernement a commencé à réduire ses dépenses et à s'impliquer de moins en moins dans les affaires publiques. Les associations de logement qui avaient auparavant leur mot à dire sont devenues des fondations ou des coopératives sans voix au chapitre. Ces fondations et coopératives se sont de moins en moins impliquées dans le logement social et de plus en plus dans l'immobilier et les rendements financiers.

Les quartiers populaires (« dépassés ») ont été démolis s'ils étaient situés dans des endroits attrayants, par exemple à proximité des centres des grandes villes. Ils ont été remplacés par des « villas urbaines » ou des « complexes d'appartements ».

Le credo des entreprises et des municipalités était le rendement au mètre carré, de préférence en hauteur.

Des quartiers caractéristiques, avec des structures sociales qui existaient parfois depuis un demi-siècle, ont été rasés et ont disparu sans laisser de traces.

Les commerçants locaux ont également disparu, ceux qui, si vous n'aviez pas l'argent pour payer vos courses, notaient le montant dans un livre de caisse sous la caisse enregistreuse.

Ils ont été progressivement remplacés par de grands supermarchés où il faut payer par carte ou par téléphone : pas de solde, tant pis pour vous.

L'anonymat et l'aliénation se sont accrus parmi la population, tandis que le gouvernement et les grandes entreprises en apprenaient de plus en plus sur elle.

Les commerces locaux ont disparu ; après les chaînes de magasins sont arrivées les boutiques en ligne.

Les citoyens ont de moins en moins d'occasions de faire les choses eux-mêmes. Ils n'ont presque plus besoin de quitter leur domicile.

L'entrepreneuriat local a été tué, tout comme la connaissance qu'avaient les citoyens de l'origine des produits.

Cette aliénation a également eu des conséquences sociales profondes. De plus en plus de travailleurs sociaux sont arrivés, chacun avec son propre bureau, assis sur sa petite île.

Et les personnes en détresse, qui manquaient de plus en plus souvent de leur propre réseau social, devaient passer d'île en île, et après avoir sauté une énième fois, elles finissaient par tomber à l'eau. Après la chute, la question était de savoir qui, de quelle île, viendrait à la rescousse de ce naufragé ?

Bien sûr, cela a fait l'objet de discussions lors de réunions et de rapports ont été rédigés à ce sujet.

Cependant, une solution pourrait signifier la fin d'un modèle économique, ce qui rend les gens prudents.

Aux Pays-Bas, une culture du dialogue et des réunions s'est développée et s'est perpétuée.

Dans la sphère sociale, les problèmes se multiplient car les gens ont de moins en moins de compétences sociales pour résoudre les conflits sans passer par les tribunaux. La confiance et le respect envers l'autorité et le gouvernement ont disparu.

Aux Pays-Bas, l'« autorité » est devenue un modèle de revenus automatisé, avec des radars et des amendes automatiques déjà en place et des contrôles par drone à l'horizon.

L'ancien objectif du gouvernement, qui était d'encourager la participation et la responsabilité des citoyens, a désormais été inversé. Le gouvernement est désormais une autorité qui utilise des moyens techniques et financiers pour contrôler et manipuler notre comportement.

Ces systèmes prennent de plus en plus d'ampleur, ce qui fait que les citoyens perdent de plus en plus le contrôle de leur propre vie et, en fin de compte, de plus en plus de liberté.

Tout devient à grande échelle et centralisé, et donc impersonnel. Les quartiers subissent une pression sociale croissante en raison du déclin des équipements locaux.

Les écoles et les hôpitaux sont devenus des mégastructures. Les enseignants ne connaissent pas leurs élèves et les médecins ne connaissent pas leurs patients.

Cette lacune est bien sûr comblée par encore plus d'électronique et de numérisation afin de faciliter la gestion.

Ces évolutions sont progressives.

Un objectif est poursuivi et un organisme tel qu'une fondation, une entreprise ou une organisation similaire est créé à cette fin.

Immédiatement après la réalisation de l'objectif initial, deux autres objectifs sont ajoutés : assurer la survie de l'organisation et préserver les postes de ceux qui y travaillent.

Après l'expansion et les fusions, tout devient de plus en plus grand. Une couche de gestion est créée pour servir de « couche de communication » entre la « couche de réflexion » (la direction) et la « couche des objectifs » (les travailleurs).

Toutes sortes de pyramides de pouvoir informelles et de cliques apparaissent au sein de l'organisation, ce qui peut amener un haut fonctionnaire, tel qu'un ministre, à trébucher dans un piège ou à retenir ou divulguer des informations. Nous ne parlerons même pas de la comptabilité.

Il est devenu pratiquement impossible d'attribuer les responsabilités à qui de droit. Les gens tentent de surmonter ce problème en augmentant l'automatisation et la numérisation, et désormais aussi en utilisant l'intelligence artificielle.

Le travail est devenu vide et dénué de sens. Personne ne se sent loyal envers l'organisation, seul le salaire compte. Les gens deviennent de plus en plus passifs et se replient sur leur propre mètre carré dans le bureau open espace.

Cela conduit à l'ignorance, à l'ingouvernabilité, à la désintégration et au déclin.

Ces évolutions sont causées par la concurrence et le désir de sécurité financière.

Un effet secondaire destructeur du système économique concurrentiel est la formation de réseaux intergénérationnels d'acteurs et de groupes d'intérêt, qui créent par conséquent des divisions entre les riches et les pauvres.

Les gens ont tendance à s'associer à ceux qui font partie de leur propre groupe d'intérêt, tant dans leur vie privée qu'au travail. C'est l'intérêt qui les lie, ce qui a des conséquences sur la pensée et le comportement économiques.

Il est plus facile d'influencer les choses, de prendre des dispositions entre vous et d'empêcher les étrangers de s'impliquer.

Les immigrants fortunés passent soudainement du statut de « chercheurs de fortune » à celui d'« expatriés ».

Le résultat ? En raison de l'afflux d'expatriés au cours des quarante dernières années, les prix de l'immobilier aux Pays-Bas sont devenus inabordables. Les agents immobiliers, les promoteurs immobiliers, les notaires, les autorités locales et les investisseurs nationaux et étrangers, tels que les fonds de pension et les banques, sont tous des parties prenantes qui réclament aujourd'hui dans les médias et la sphère politique la construction d'un million de nouveaux logements.

L'immobilier est devenu un actif spéculatif au détriment de la population locale.

Les gens se disputent le nombre limité de logements sociaux à louer (à partir de sept cents euros).

Les associations de logement vendent à ces acteurs des logements construits avec l'argent des contribuables, et les zones urbaines sont envahies. Les quartiers populaires et ouvriers sont de plus en plus isolés au milieu de la spéculation immobilière et se transforment progressivement en quartiers pour riches et hipsters grâce à la vente de logements.

Les conseils municipaux, autorité suprême dans nos communes, restent les bras croisés et approuvent allègrement le prochain plan d'urbanisme, qui semble avoir été élaboré sous l'influence des agents immobiliers et des promoteurs immobiliers.

Amsterdam-Noord a d'abord été popularisé par ce qu'on appelle les « pépinières artistiques », une stratégie marketing qui lui a valu une renommée internationale.

Grâce à la ligne Nord-Sud à Amsterdam, les prix des terrains à Amsterdam-Noord ont explosé, comme l'avaient prédit les parties prenantes, et le butin a été réparti avant même la construction de la ligne.

Il est désormais prévu de prolonger la ligne jusqu'à l'aéroport de Schiphol et d'autres villes.

Le 24 juin 2019, le journal Het Parool a publié un article intitulé « Quatre projets d'extension du réseau de transports publics autour d'Amsterdam » (voir annexe I, n° 114).

Citation :

« Le plan Delta de l'Alliance pour la mobilité, qui regroupe la quasi-totalité des entreprises et des autorités impliquées dans les infrastructures et les transports, symbolise ce changement de mentalité. Le conseiller municipal a déclaré : « Pour la première fois, nous avons réussi à convaincre le lobby automobile de plaider en faveur de davantage de transports publics ! Ce plan Delta mentionne non seulement l'extension de la ligne nord-sud jusqu'à Schiphol, mais aussi la construction d'une ligne de tramway est-ouest à Amsterdam.

Celui qui paie décide, et la politique facilite les choses. »

Le 23 avril 2017, AT5 a publié l'article suivant :

Prolonger la ligne nord-sud jusqu'à Hoorn afin de réduire la pression sur Amsterdam

(voir annexe I, n° 115).

« Parce qu'à Hoorn, il y a des logements abordables, des rues commerçantes tranquilles et suffisamment de travail pour tout le monde. La ville n'est qu'à une trentaine de kilomètres d'Amsterdam. C'est la solution pour réduire les embouteillages ici, selon le président du Westfriese Bedrijvengroep. »

En collaboration avec les partis politiques, il a élaboré un plan radical visant à encourager les habitants d'Amsterdam à déménager en Frise occidentale.

Selon les initiateurs, il s'agit d'un plan tout à fait réalisable.

Si vous allez à Paris, vous pouvez vous rendre jusqu'à 80 kilomètres du centre-ville en métro. Il en va de même pour Londres. Hoorn se trouve à environ 40 kilomètres d'Amsterdam. Alors, de quoi parlons-nous ? ... se demande le président » (voir annexe I, n° 115).

Bien sûr, les habitants n'ont pas été consultés. Leur cadre de vie est en fait « mis sur le marché » à leur insu, et les politiciens, qui sont essentiellement les porte-parole du secteur immobilier, ne vont certainement pas défendre leurs intérêts. L'objectif est de faire grimper les prix des terrains et des logements.

L'influence du lobby est évidente dans un article du New York Times du 12 avril 2012 intitulé « Once Unfashionable, Noord District of Amsterdam Gains Cachet » (voir annexe I, n° 116).

Cet article contient des propos élogieux sur le quartier Noord, sa situation à proximité du centre-ville, la rivière IJ, la ligne de métro et les prix de l'immobilier. Ce journal est lu dans le monde entier, de sorte que les investisseurs vont certainement s'intéresser de plus près aux opportunités qui s'offrent à eux.

Lorsque Amsterdam Noord fait l'objet de discussions à New York et que la municipalité commence à parler de « rénovation urbaine », les habitants doivent immédiatement tirer la sonnette d'alarme.

Les conséquences sont claires : des immeubles sans fin, et ils sont loin d'être terminés. Amsterdam est en train de devenir un marché immobilier international, et les habitants sont déplacés.

Les habitants du quartier Van der Pek à Amsterdam Noord sont contraints de partir en raison d'un entretien insuffisant, tandis qu'à quelques mètres de là, les promoteurs immobiliers engrangent des milliards grâce à des projets grandioses auxquels participent également des sociétés de logement social.

Les habitants qui se plaignent sont écartés avec des slogans tels que :

« Voyez le verre à moitié plein, pas à moitié vide. »

Incidemment, il existe un autre projet en plus de Noord : « Haven-Stad ». À l'intérieur du périphérique A10, une « ville dans la ville » est prévue, comprenant 70 000 logements et 58 000 emplois dans la zone située entre Sloterdijk et Westerpark. En face, à Amsterdam Noord, le site Cornelis Dou et le lac Noorder IJ sont destinés à être aménagés.

Le métro pourrait être prolongé de la station Isolatorweg à la gare centrale.[19]

Grâce à l'extension du métro et du périphérique A10, les forces centrifuges peuvent être accrues, ce qui permet de réaliser davantage de projets et de gagner plus d'argent.

Bien sûr, tout est une question d'argent. Car tout le monde se soucie de son propre portefeuille. Tout est sacrifié pour cela : le cadre de vie, l'environnement naturel et, en fin de compte, l'État de droit.

Les citoyens qui veulent avoir leur mot à dire dans les plans d'aménagement du territoire, ou qui veulent en savoir plus sur l'exploitation des terres ou les contrats conclus par la municipalité avec les parties prenantes, sont considérés comme des fouineurs et habilement tenus à l'écart.

Après tout, aux Pays-Bas, on ne peut pas gagner sa vie avec la vérité.

La réorganisation municipale tant vantée crée également des opportunités en or pour les parties prenantes. Une municipalité centrale sera créée pour une zone plus vaste, comprenant plusieurs petites villes et villages pouvant se trouver à 30 ou 40 kilomètres.

Dès que cela sera connu, les parties prenantes détermineront les positions foncières et, en collaboration avec les autorités locales, dresseront une liste des « plans timbres-poste » possibles et identifieront les « emplacements d'inbreiding ».

Les conseillers municipaux décideront alors des plans pour des zones dans lesquelles ils ne vivent pas et dont ils n'ont aucune connaissance.

---

19. Voir le site web de la municipalité d'Amsterdam.

Les écoles locales et autres installations sont démolies. C'est particulièrement le cas si elles sont situées dans des zones attrayantes, où des complexes d'appartements seront construits à la place.

Des milliers d'élèves sont envoyés dans des mégastructures nouvellement construites, plus proches de la municipalité centrale.

Il en résulte des groupes toujours plus importants de cyclistes se rendant à l'école en même temps et des transports publics surchargés.

Il y a désormais des milliers de vélos dans les gares, et ce nombre ne cesse d'augmenter.

Les urbanistes pensent à 10 ou 15 ans à l'avance. Pendant ce temps, les politiciens jouent la comédie sur l'opportunité de poursuivre ou non les projets, leur accessibilité financière et les problèmes qu'ils posent. Tout se passe comme prévu, mais bien sûr, vous n'avez pas besoin de le savoir.

Le marché du travail n'a pas non plus connu une évolution très favorable au cours des dernières décennies.

Après 1990 environ, les droits durement acquis ont été progressivement démantelés. La main-d'œuvre bon marché venue de l'étranger est idéale pour contrôler des employés de plus en plus assertifs.

Ce principe a été découvert dès les années 1960. Diviser pour mieux régner, ça marche toujours.

Les contrats zéro heure et les contrats de travail sur appel sont devenus monnaie courante, d'abord parmi les personnes les moins bien rémunérées de la société, parallèlement à la hausse des loyers et à la baisse des prestations sociales.

La défense sociale, dernier recours des citoyens ordinaires pour se défendre, est devenue inabordable et est en train d'être démantelée.

Dans la pratique, la loi sur la participation s'est avérée être un moyen de faire travailler les chômeurs tout en leur permettant de conserver leurs allocations. Un cirque de la réinsertion a également été mis en place. Le métier de conseiller en réinsertion n'est pas protégé. N'importe qui peut créer une agence de réinsertion et l'enregistrer auprès du conseil local. Les chômeurs étaient obligés de participer et étaient, en fait, à la merci d'une éventuelle incompétence. Le refus de participer entraînait la suppression des allocations.

Les ateliers sociaux se sont révélés inefficaces. Les employés ont été envoyés sur le « vrai » marché du travail sous le couvert d'une idéologie de réinsertion factice, où ils se sont rapidement retrouvés entre deux chaises.

Par la suite, les médias ont de plus en plus souvent fait état du nombre croissant de personnes dormant dans la rue et de sans-abri, ainsi que du nombre croissant d'hommes « désorientés ».

Les forces du marché débridées ont un impact de plus en plus négatif sur la société :

La production manufacturière s'est largement délocalisée à l'étranger, les marchandises étant transportées à Rotterdam par des méga-porte-conteneurs.

Le métier de facteur était autrefois bien rémunéré, avec de bonnes conditions de travail et un régime de retraite. Chaque quartier ou village avait son propre bureau de poste où tout pouvait être réglé. Ceux-ci ont maintenant été transformés en gigantesques centres de tri où le travail est effectué la nuit. Aujourd'hui, les lettres et les colis sont livrés par des travailleurs indépendants contraints de travailler pour des salaires dérisoires.

À la suite des fusions, de l'automatisation, de la numérisation et de la robotisation, notre économie s'est transformée en une « économie de services ».

En réalité, il s'agit d'une économie de l'enregistrement, où les gens passent leurs journées assis derrière des écrans dans des tours de verre, tapant sur leur clavier pour enregistrer et faire circuler des données.

« Hautement qualifié » et « économie de la connaissance » sont les mots à la mode ici. La concentration de l'emploi entraîne des embouteillages, à la suite desquels de nouveaux projets d'infrastructure sont lancés.

Prenons l'exemple d'Amsterdam, d'Utrecht Central et de Rotterdam, près du pont Erasmus. De temps en temps, une partie est démolie pour faire place à des projets plus récents et plus importants.

Bien sûr, certaines personnes refusent de se plier à cette situation et préfèrent créer leur propre économie en tant qu'entrepreneurs dans le domaine des drogues et des pilules. Cela leur est bien sûr interdit, car les flux financiers doivent rester sous contrôle. Les plantations de cannabis et les laboratoires de drogue fleurissent partout, et le trafic de drogue est de plus en plus répandu. De plus en plus de déchets chimiques sont déversés, et la société devient de moins en moins sûre.

Ces problèmes justifient la nécessité de contrôles plus stricts, de préférence numériques.

Une chose en entraîne une autre.

Cependant, cette interaction devient de plus en plus extrême et incontrôlable. Le bruit des armes devient littéralement plus fort. Comme pour la livraison postale, les meurtres à forfait sont également devenus moins chers.

Le marché libre fonctionne dans le monde souterrain de la même manière que dans le monde officiel : il y a des personnes « peu qualifiées » et des personnes « hautement qualifiées ». Le pistolet et le clavier.

Dans les deux mondes, tout est question d'argent, et toutes les questions mentionnées dans ce chapitre ont un effet dévastateur sur les réseaux sociaux.

Pour inverser ces tendances, il faudra gérer l'argent différemment.

Actuellement, le « Fonds européen de relance » de 750 milliards d'euros fait l'objet d'une controverse au sein de l'Union européenne. Les États membres sont menacés d'être exclus du soutien financier en raison de conflits liés au respect des principes de l'État de droit.

De plus, il existe un contraste entre le sud « criblé de dettes » et le nord « frugal ».

Une fois de plus, c'est notre argent qui est en jeu. Cet argent est utilisé par des personnes non élues pour mener une politique de puissance.

En fin de compte, il s'agit du pouvoir exercé par la dette, à laquelle les individus et les États sont soumis.

Cependant, la dette est une illusion : le 15 août 1971, le dollar américain a été découplé de l'étalon-or, ce qui signifie qu'il n'est plus échangeable contre de l'or. Dès 1966, des sociétés telles que Visa et Mastercard avaient commencé à émettre de la monnaie électronique.

Le découplage de l'étalon-or a ouvert la voie à la disponibilité illimitée de la monnaie électronique et numérique.

Le lien avec le monde physique a été rompu, ce qui signifie que l'argent ne représentait plus aucune valeur réelle. L'argent s'est transformé en un moyen de pouvoir mondial pour ceux qui le contrôlent.

L'argent liquide a lentement mais sûrement commencé à disparaître. La monnaie électronique peut être contrôlée de manière auparavant inimaginable, par exemple en décidant qui la reçoit et comment elle est dépensée.

L'inflation et les taux d'intérêt sont des leviers de contrôle qui peuvent influencer les économies. De moins en moins de gens savent combien d'argent est réellement en circulation. Les gens se concentrent sur les chiffres fournis par les banques centrales et en dépendent.

Pour nous, la monnaie numérique est synonyme de « commodité », mais pour les parties prenantes, elle est synonyme de pouvoir.

Pour vous, en tant que citoyen, cela fonctionne comme suit :

Vous achetez une maison et contractez un emprunt hypothécaire de quatre cent mille livres. Vous empruntez de « l'argent » à la banque. Cet argent a été créé par la banque à l'aide d'un ordinateur. Il a été créé à partir de rien. Vous pourriez bien sûr taper quatre zéros, mais vous n'êtes pas autorisé à le faire. Dans la pratique, cela ne ferait toutefois aucune différence.

Cela fait toutefois une différence pour la viabilité du système. Ce n'est pas le système qui est à votre service, c'est vous qui êtes au service du système, et c'est ainsi que cela doit rester.

Vous utilisez les 400 000 euros pour faire construire la maison. Vous utilisez cet « argent » pour payer les constructeurs et les matériaux nécessaires, qui sont également produits par des travailleurs.

C'est votre décision qui donne à l'« argent » provenant de l'ordinateur une valeur réelle grâce au travail, car les travailleurs dépenseront également cet argent.

En bref, l'argent « fictif » devient de l'argent « réel ».

La banque n'a joué aucun rôle dans ce processus. Excepté, bien sûr, celui d'autoriser le « paiement » du montant du prêt hypothécaire en votre faveur.

Le pouvoir réside dans le fait que vous avez une dette que la banque, avec l'aide des huissiers, des juges et de la police, vous obligera à rembourser.

Vous êtes lié à cette dette pendant trente ans. Vous ferez tout ce qu'il faut pour maintenir vos revenus et répondre aux attentes des « gens ». Vous avez une famille et une réputation, par exemple en tant que politicien, scientifique ou avocat. Vous arrivez à l'heure au travail dans votre voiture financée par la banque, menant une vie politiquement correcte.

C'est ainsi que la société est maintenue sous contrôle, le chômage ou la faillite servant de moyens de dissuasion.

Il en va de même si vous êtes locataire. Les obligations sont imposées par des moyens de pouvoir familiers, même si l'hypothèque sur le bien immobilier a été remboursée il y a des décennies par la société de logement social. Cela soulève la question de savoir où finit finalement le loyer.

Les associations de logement investissent dans des projets à grande échelle sur le marché immobilier privé plutôt que dans le logement social.

Une maison à soi vaut son pesant d'or, mais pas pour vous. La banque se moque de savoir qui y vit. Ce sont les détenteurs du pouvoir qui ont le contrôle, pas vous.

Lorsque vous remboursez votre hypothèque, vous retirez de votre revenu réel de l'argent que vous ne pouvez pas dépenser dans l'économie réelle. Votre argent est transformé en « néant » via la banque.

La banque n'a rien créé. Vous avez simplement été autorisé à créer de la valeur avec la permission de la banque.

Convertir une valeur réelle en néant par le biais de remboursements hypothécaires est illogique.

Le point essentiel est que vous êtes endetté pendant trente ans, alors tenez-en compte dans votre comportement et votre attitude. C'est de cela qu'il s'agit.

Nous devons réaliser que la banque ne « fait » ni ne « prête » rien, mais exerce plutôt un pouvoir et crée une dépendance.

Il en va de même pour le financement automobile, les investissements commerciaux, etc. Les pyramides de pouvoir sont construites avec la dette, et donc le pouvoir.

Les questions telles que les intérêts, l'inflation et la dette peuvent être traitées différemment. Lorsqu'on contracte un emprunt, il devrait suffire de démontrer que l'argent a été dépensé conformément à l'accord.

Cela permet de clarifier les flux financiers et de garantir qu'aucune valeur réelle ne disparaît dans la nature. Il n'y a pas d'effet inflationniste, car l'argent fourni par la banque correspond au besoin et a été converti en valeur réelle.

Pour que cela devienne une réalité au niveau sociétal, il faudrait toutefois revoir en profondeur le système actuel de « libre » marché, basé sur la concurrence et la dette.

La coopération étant essentielle à une économie équilibrée, un réseau de communautés économiques locales doit être mis en place.

Cela impliquerait d'ancrer la valeur de l'argent dans la propriété commune des logements, et donc dans la responsabilité commune.

On pourrait prendre comme point de départ les associations de logement « à l'ancienne », telles qu'elles étaient initialement conçues.

Les sociétés actuelles qui gèrent la propriété communautaire deviendraient purement facilitatrices dans la mesure nécessaire : les biens immobiliers seraient divisés en quartiers dotés de leurs propres conseils d'administration et statuts.

Les gens recevraient un revenu par l'intermédiaire de l'association en échange de l'exécution de tâches nécessaires, fournissant ainsi un travail utile dans leur propre quartier et leur propre communauté.

L'argent venait à l'origine de nulle part, alors pourquoi cela ne serait-il pas possible ? La différence est que nous pouvons organiser nos propres affaires, telles que les installations médicales locales, les soins et la distribution postale, entre nous. Les chaînes de supermarchés pourraient distribuer des marchandises par l'intermédiaire des magasins de quartier.

Il pourrait y avoir des bibliothèques locales, des ateliers de réparation de vélos, des garages où les gens pourraient emprunter des voitures et des services de transport de quartier.

Les professionnels indépendants pourraient travailler ensemble au sein d'associations pour rénover ou construire des logements selon les besoins, plutôt que pour des spéculateurs étrangers.

Un approvisionnement énergétique local pourrait devenir une réalité sans que des intérêts majeurs ne s'y opposent.

Il y aurait de nombreux stages pour les jeunes, leur permettant d'apprendre un métier sans stress.

Comme les gens travailleront ensemble et auront plus d'occasions de se rencontrer, les structures sociales se renforceront. Dans la plupart des cas, les personnes âgées et celles qui ont besoin de soins n'auront pas à se rendre dans des institutions spécialisées. Ces institutions seront remplacées par des structures de quartier, permettant aux gens de continuer à vivre chez eux. Les problèmes de garde d'enfants seront également résolus de cette manière.

Grâce à la propriété commune et à la responsabilité partagée, la qualité des quartiers s'améliorera considérablement. Les associations de logement pourront se soutenir mutuellement ou fournir des services en formant des réseaux. Après tout, la concurrence n'existe plus.

Une éducation à petite échelle peut être dispensée au sein du quartier. Les enfants peuvent recevoir une éducation normale dans des matières essentielles telles que la lecture, l'écriture et le calcul dans un environnement calme et propice à la concentration. L'énergie perdue à cause du stress dans les grandes écoles sera mieux utilisée.

Les jeunes apprendront à mieux interagir entre eux et le harcèlement diminuera. Les enseignants n'auront plus à travailler dans un chaos généralisé, mais pourront simplement enseigner sans tracas.

Le « travail » tel qu'il existe actuellement, concentré dans de grands centres urbains avec des embouteillages et des transports publics surchargés, disparaîtra progressivement, tout comme la structure de pouvoir omniprésente.

Comme les services seront fournis par les quartiers eux-mêmes, il faudra payer de moins en moins d'impôts, voire plus du tout à terme.

Le besoin de contrôles financiers par le biais d'une bureaucratie exaspérante et de ses fonctionnaires deviendra superflu.

Tout devenant abordable, les soins de santé et le développement de médicaments ne poseront plus de problème. Le seul facteur décisif dans la recherche médicale sera l'intelligence, car les ressources seront disponibles.

Si une pandémie éclate, ce modèle de société sera toujours en mesure de la gérer. Le quartier où se trouve l'infection sera maintenu en isolement jusqu'à ce que le virus disparaisse naturellement et que le quartier puisse être rouvert.

Une fois que le mode de gestion de l'argent aura changé, les possibilités seront illimitées.

Ce système peut fonctionner partout. Dans les zones difficiles d'accès, l'argent sera accessible par téléphone et les marchandises telles que les médicaments pourront être livrées par drone. La corruption et le pouvoir perdront bientôt tout leur sens et appartiendront au passé.

Par exemple, la Syrie pourrait être reconstruite avec l'aide des immigrants syriens en Europe occidentale et grâce à Internet. Là où il y a des communautés ici, il y a des tribus là-bas. Dans la nouvelle configuration, il n'y a aucune différence.

Il s'agit en fait d'espace, et non des limites imposées par la dette et la concurrence. L'argent est essentiellement devenu un moyen de communication, permettant aux gens de coordonner leurs affaires.

Les communautés peuvent être dirigées par des personnes compétentes ayant une expérience de la vie, indépendamment des financiers et des détenteurs du pouvoir. Les crises géopolitiques appartiendront au passé grâce à la disparition de l'argent et des concentrations de pouvoir.

Partie II

L'avènement de l'Union européenne expliqué à travers des documents politiques

L'article 4 du traité de Rome (Treaty Series, 1957, n° 91 ; voir annexe II, n° 72) énumère quatre institutions « chargées de l'accomplissement des tâches assignées à la Communauté » :

1 une Assemblée ;
2 un Conseil ;
3 une Commission ;
4 une Cour de justice.

Le Conseil européen n'est pas mentionné dans cet article. Cela restera le cas jusqu'à l'entrée en vigueur de l'Acte unique européen le 1er juillet 1987 (Treaty Series 1986, n° 63 ; voir annexe II, n° 73).

L'Acte unique européen a ouvert la voie au traité de Maastricht en 1992 (voir annexe II, n° 74).

Enfin, le traité de Lisbonne (Treaty Series 2008, n° 11, voir annexe II, n° 75) a ajouté le Conseil européen à la liste figurant à l'article 9 en tant qu'institution officielle et suprême de l'Union européenne.

Dans la publication du Secrétariat général du Conseil de décembre 2011, intitulée « Le Conseil européen : 50 ans de sommets » (voir annexe II, n° 76), il est indiqué à la page 10 que :

« Avec l'Acte unique européen, le Conseil européen acquiert une base juridique dans le traité, son existence étant confirmée et sa composition déterminée ».

L'article 2 de cet acte stipule :

« Le Conseil européen est composé des chefs d'État ou de gouvernement des États membres et du président de la Commission des Communautés européennes. Il est assisté par les ministres des affaires étrangères et par un membre de la Commission. Le Conseil européen se réunit au moins deux fois par an. »

Toutefois, les dispositions relatives à la Commission sont en contradiction avec celles de l'article 157 du traité de Rome :

« Les membres de la Commission sont totalement indépendants dans l'exercice de leurs fonctions dans l'intérêt général de la Communauté. Dans l'exercice de leurs fonctions, ils ne sollicitent ni n'acceptent d'instructions d'aucun gouvernement ni d'aucun organisme. Ils s'abstiennent de tout acte incompatible avec la nature de leur fonction. »

Or, l'article 30, paragraphe 3, point b), de l'acte de 1986 dispose :

« La Commission participe pleinement aux travaux de la coopération politique européenne. »

Cet acte a introduit plusieurs modifications au traité CEE de 1957.

Toutefois, les modifications du traité de Rome ne peuvent être apportées que si les conditions de procédure prévues aux articles 235 et 236 du traité sont respectées.

L'article 235 dispose :

« Si une action de la Communauté est nécessaire pour réaliser l'un des objectifs de la Communauté dans le cadre du fonctionnement du marché commun et que le présent traité ne prévoit pas les pouvoirs nécessaires, le Conseil, statuant à l'unanimité sur proposition de la Commission et après consultation de l'Assemblée, prend les mesures appropriées. »

L'article 236 dispose :

« Le gouvernement de tout État membre ou la Commission peuvent soumettre au Conseil des propositions visant à modifier le présent traité. Si, après consultation de l'Assemblée et, le cas échéant, des commissaires, le Conseil émet un avis favorable à la convocation d'une conférence des représentants des gouvernements des États membres, cette conférence est convoquée par le président du Conseil afin de déterminer d'un commun accord les modifications à apporter au présent traité.

Ces modifications entrent en vigueur après avoir été ratifiées par tous les États membres conformément à leurs règles constitutionnelles respectives.

Comme le précise l'article 4 du traité de Rome, c'est donc le « Conseil », et non le « Conseil européen », qui joue ici un rôle central et qui dispose d'un pouvoir de décision en vertu de l'article 145 « afin d'atteindre les objectifs du présent traité et conformément à ses dispositions ».

L'article 20, paragraphe 2, de l'acte ne mentionne que l'article 236 :

« Si le développement de la politique économique et monétaire rend nécessaire des modifications institutionnelles, l'article 236 s'applique ».

Depuis la conférence des chefs d'État ou de gouvernement et des ministres des Affaires étrangères qui s'est tenue à Paris les 9 et 10 décembre 1974, le Conseil européen se désigne sous ce nom. Cependant, le Conseil européen n'a pas de base juridique dans le traité de Rome.

Lors de cette conférence, les participants ont adopté un communiqué (voir annexe II, n° 77), dont le point 2 stipule ce qui suit :

« Les chefs de gouvernement reconnaissent la nécessité d'une approche globale des problèmes internes liés à la construction européenne et au monde extérieur, et estiment que l'objectif devrait être de développer et d'assurer la cohérence entre les activités des Communautés et les travaux dans le domaine de la coopération politique ».

Cela fait référence à deux questions : d'une part, « les activités des Communautés », conformément aux traités européens existants ; et d'autre part, la « coopération politique », c'est-à-dire les activités pour lesquelles il n'existe pas de règles dans les traités pertinents.

Néanmoins, l'objectif doit être d'atteindre une « cohérence ». Cette cohérence sera ensuite formalisée par l'acte de 1986 et le traité de Maastricht de 1992.

Les chefs d'État et de gouvernement ont fixé cette orientation lors de conférences tenues à La Haye les 1ers et 2 décembre 1969, à Paris les 19, 20 et 21 octobre 1972, à Copenhague les 14 et 15 décembre 1973, puis à nouveau à Paris les 9 et 10 décembre 1974.

Lors de la dernière de ces conférences, il a été décidé qu'ils se réuniraient plusieurs fois par an sous le nom de « Conseil européen ».

Le terme « communiqué » n'apparaît pas dans le traité de Rome, car ce document n'a pas de valeur juridique.

Le point 1 du communiqué stipule :

« Les chefs de gouvernement des neuf États membres de la Communauté et les ministres des Affaires étrangères, ainsi que le président de la Commission, réunis à Paris à l'invitation du président de la République française, ont examiné les différents problèmes auxquels l'Europe est confrontée ».

Toutefois, cela est contraire à l'article 157 du traité de Rome, qui exige des membres de la Commission qu'ils exercent leurs fonctions en toute indépendance et leur interdit de solliciter ou d'accepter des instructions d'aucun gouvernement ou organisme. En outre, les États membres ne sont pas autorisés à influencer les membres de la Commission dans l'exercice de leurs fonctions.

Le point 2 stipule :

« Les chefs de gouvernement considèrent qu'il convient de s'efforcer de développer la cohérence entre les activités des Communautés et les travaux dans le domaine de la coopération politique ».

Le point 3 stipule :

« Les chefs de gouvernement ont donc décidé de se réunir trois fois par an avec les ministres des affaires étrangères, et chaque fois que nécessaire en tant que Conseil de la Communauté, dans le cadre de la coopération politique ».

Il existe donc trois types de réunions :

1) *Les chefs de gouvernement, avec ou sans les ministres des Affaires étrangères, appelés par la suite « le Conseil européen » ;*
2) *Les ministres des Affaires étrangères dans le cadre de la « PESC » (politique étrangère et de sécurité commune) ;*
3) *Les ministres des Affaires étrangères, dénommés ici « Conseil de la Communauté », tels que définis à l'article 145 du traité de Rome.*

Les ministres se réunissent donc dans trois contextes différents : en tant que « Conseil » au titre du traité de Rome, dans le cadre de la « PESC » et dans le cadre du « Conseil européen ».

Les ministres ont donc des rôles multiples.

La coopération politique européenne (CPE) n'a pas de base juridique dans le traité de Rome.

Cette situation était difficile à comprendre pour les parlements des États membres.

L'article 1er de l'acte de 1986 réunit les «Communautés européennes» et la «coopération politique européenne» dans le but de «contribuer conjointement à la réalisation de progrès concrets de l'Union européenne».

Cela s'est fait sous l'égide du Conseil européen.

L'article 2 stipule :

« Le Conseil européen est composé des chefs d'État ou de gouvernement des États membres, du président de la Commission et du président des Communautés européennes. Il est assisté par les ministres des affaires étrangères et par un membre de la Commission ».

La Commission perd ici l'indépendance que lui conférait le traité de Rome, contrairement à l'article 157 dudit traité.

Ni la coopération politique européenne ni la volonté de transformer les relations entre les États en une Union européenne, mentionnées dans le préambule de cet acte, ne figurent dans le traité de Rome.

Cet acte ne mentionne aucun pouvoir du Conseil européen. Cette question sera traitée ultérieurement dans le traité de Maastricht de 1992 (voir annexe II, n° 74).

Le troisième paragraphe de l'article 1er de l'acte stipule :

« La coopération politique européenne est régie par le titre III. Les dispositions de ce titre confirment et complètent les procédures convenues dans les rapports de Luxembourg (1970) (voir annexe II, n° 78), Copenhague (1973) (voir annexe II, n° 79) et Londres (1981) (voir annexe II, n° 80), ainsi que dans la déclaration solennelle sur l'Union européenne de 1983 (voir annexe II, n° 81) et dans les pratiques progressivement établies entre les États membres. »

Le rapport de Luxembourg fait référence au rapport Davignon, qui a été élaboré par les ministres des Affaires étrangères des États membres sous la présidence de David Davignon, au nom des chefs d'État et de gouvernement, comme indiqué au point 15 du communiqué de la conférence qui s'est tenue à La Haye les 1ers et 2 décembre 1969 (voir annexe II, n° 82).

Le rapport de Copenhague a été rédigé par les ministres des Affaires étrangères des États membres à la demande des chefs d'État ou de gouvernement, comme indiqué dans la «déclaration» qu'ils ont rédigée lors de la conférence des 19 et 20 octobre 1972 (voir annexe II, n° 83).

Le rapport de Londres du 13 octobre 1981 a été approuvé lors de la réunion tenue à Londres les 26 et 27 novembre 1981 par le Conseil européen des chefs d'État et de gouvernement, qui existait depuis 1974 (voir annexe II, n° 84).

Lors de cette réunion, l'initiative germano-italienne, un « projet d'acte européen », a été discutée (voir annexe II, n° 85).

Quelques citations :

Dans la partie II, « Institutions », il est indiqué :

« Afin de regrouper les structures existantes des « Communautés européennes » (CE), de la « Coopération politique européenne » (CPE) et du Parlement européen, et de renforcer l'orientation politique de l'intégration européenne, les mesures suivantes sont prises :

1. Les structures décisionnelles des « Communautés européennes » et de la « Coopération politique européenne » sont regroupées sous la responsabilité du Conseil européen. Le Conseil européen est l'organe chargé de la direction politique des « Communautés européennes » et de la « Coopération politique européenne ». Il est composé des chefs d'État ou de gouvernement et des ministres des affaires étrangères des États membres.

2. Le Conseil européen délibère sur toutes les questions relatives aux Communautés européennes et à la coopération politique européenne. Ses réunions sont préparées sous la responsabilité particulière des ministres des affaires étrangères. Le Conseil européen peut prendre des décisions et déterminer des orientations politiques.

Cette proposition vise à formaliser la situation actuelle dans laquelle le « Conseil européen » assume progressivement tous les pouvoirs, ce qui lui est permis par la « Commission » et le « Conseil de la Communauté économique européenne », qui ont été rendus conjointement responsables des développements lors de la conférence de La Haye en 1969 et ont ainsi été pris en charge.

Le même principe s'applique dans un parlement national ou un conseil local : une fois que vous êtes dans le train, il n'y a plus de retour en arrière possible.

La partie III, « Perspectives » (voir annexe II, n° 85), stipule :

« Cinq ans après sa signature, les chefs d'État ou de gouvernement réexaminent le présent « Acte européen » en vue d'intégrer les progrès réalisés dans la construction européenne dans un traité sur l'Union européenne. À cette fin, les ministres des affaires étrangères soumettent un projet au « Conseil européen » avant la fin de la période spécifiée, qui est soumis au Parlement européen afin qu'il puisse déterminer sa position ».

Cela anticipe le futur traité de Maastricht de 1992. À cette époque, le Parlement européen n'avait encore aucun pouvoir.

Le rapport de Londres de 1981 (voir annexe II, n° 84) stipule ce qui suit au point 6, « Confidentialité » :

« Le succès du processus de coopération politique dépend dans une large mesure de la confidentialité ; les questions particulièrement délicates doivent être traitées de manière à garantir le niveau de confidentialité requis. Ces questions seront transmises aux ministères des Affaires étrangères par l'intermédiaire des ambassades et diffusées au sein des ministères par le correspondant européen. »[20]

---

20. Le correspondant européen est un poste au sein du ministère des Affaires étrangères, chargé de la communication entre les États membres via le réseau télex dédié COREU.

Cela crée un flux d'informations en dehors des institutions européennes. Tout cela a été indirectement intégré dans le traité de Rome par le biais de l'Acte unique européen.

Les initiateurs germano-italiens ont clarifié la raison d'être du terme « acte » dans le cadre de la « réactivation de l'Union européenne » (voir annexe II, n° 86) :

« Cette proposition d'acte européen n'est ni un nouveau traité ni un document juridiquement contraignant, bien qu'elle revête une « forme solennelle » ; l'Acte d' e formule un certain nombre de principes et énumère une série d'ajustements aux structures existantes ».

La « forme solennelle » s'applique également aux successeurs de cet acte les traités de Maastricht, d'Amsterdam, de Nice et de Lisbonne.

La raison en est que, selon l'acte lui-même, il ne s'agit pas d'un « nouveau traité » et il n'est pas « juridiquement contraignant ».

Cela soulève la question suivante : de quoi s'agit-il alors ? Par conséquent, quelle est la base juridique des traités qui ont suivi l'acte ?

Les gens se sont laissés intimider. Les représentants des citoyens européens ont définitivement perdu le contrôle de la situation.

L'Acte fait deux fois référence à la Déclaration solennelle de Stuttgart de 1983 (voir annexe II, n° 81) : dans le préambule et le premier paragraphe, ainsi que dans l'article 1, troisième paragraphe.

Cette « Déclaration solennelle » a été signée par les dix chefs d'État et de gouvernement à Stuttgart le 19 juin 1983, en référence au « projet d'acte » de 1981 (voir annexe II, n° 86).

Le point 2, « Institutions », de ce document stipule :

« Pour les questions relevant du champ d'application des « Communautés européennes », les dispositions et procédures prévues dans les traités de Paris et de Rome, ainsi que dans les accords complémentaires, s'appliquent. Pour les questions relatives à la coopération politique, les procédures convenues dans les rapports de Luxembourg *(voir annexe II, n° 78)*, **de Copenhague** *(voir annexe II, n° 79)* **et de Londres** *(voir annexe II, n° 80)*, **ainsi que d'autres procédures à convenir, s'appliquent ».**

Cela montre une fois de plus qu'il y a deux questions différentes en jeu :

1. Les questions relatives à la CEE (couvertes par les traités).

2. La coopération politique, qui n'est pas couverte par les traités.

En outre, le point 2.1 fait référence au Conseil européen :

2.1.3 « Lorsque le Conseil européen agit dans des domaines relevant des « Communautés européennes », il agit en tant que « Conseil » au sens des traités ».

Cela démontre clairement comment deux questions incompatibles sont réunies dans l'acte et, par la suite, dans le « traité de Maastricht ».

Au point 2.4, « La Commission », il est indiqué :

« Les chefs d'État ou de gouvernement soulignent l'importance particulière de la Commission en tant que gardienne des traités de Paris et de Rome et en tant que moteur du processus d'intégration européenne. Ils confirment qu'il importe de recourir plus fréquemment au transfert de compétences à la Commission dans le cadre des traités ».

Le « transfert de pouvoirs à la Commission » implique que quelque chose serait retiré à la Commission, ce qui est impossible compte tenu de sa position en vertu des traités.

Ce paragraphe stipule également :

« Outre les tâches et les compétences qui lui sont conférées par les présents traités, la Commission participe pleinement aux travaux de la coopération politique européenne et, le cas échéant, à d'autres activités de l'Union européenne ».

Toutefois, les activités visées ici ne relèvent pas des tâches de la Commission telles que définies dans le traité de Rome.

Le titre III de l'acte stipule que la coopération politique européenne sera « formulée » par les « hautes parties contractantes ».

Toutefois, cela ne peut faire référence qu'au « Conseil européen » lui-même, qui a reçu une « base traité » par l'acte.

Le terme « Hautes Parties contractantes » provient de l'article 1er du traité de Rome, où elles sont désignées comme les « fondateurs » de la CEE, et de l'article 147, où elles sont désignées comme les ratificateurs du traité.

Les « Hautes Parties contractantes » sont les chefs d'État des États membres. Ces chefs d'État ont ensuite intégré le « Conseil européen », qui a été officialisé dans la loi.

Toutefois, le traité de Rome mentionne le roi des Belges, la grande-duchesse de Luxembourg et la reine des Pays-Bas, et cet acte mentionne la reine du Danemark, le roi d'Espagne et la reine de Grande-Bretagne et d'Irlande du Nord.

Par conséquent, le titre III ne peut faire référence qu'aux six présidents qui font partie des « Hautes Parties contractantes » en tant que chefs d'État des États membres qui sont des républiques. À ce titre, ils font également partie du « Conseil européen », comme le mentionne l'article 2.

Ces présidents ont un double rôle. Cela est inévitable, car aucun pouvoir n'a été attribué au « Conseil européen » dans cet acte.

Il n'était pas possible non plus de lui attribuer des pouvoirs, car cela aurait impliqué la création d'une nouvelle institution, telle que définie à l'article 4 du traité de Rome.

Cela nécessiterait une modification du traité, comme l'exige l'article 236 du traité.

Ni le « Conseil européen » ni les « Hautes Parties contractantes » ne disposent d'un règlement intérieur.

Par conséquent, les « Hautes Parties contractantes » visées au titre III de l'acte ne sont pas les mêmes que celles visées aux articles 1 et 247 du traité de Rome.

Dans l'acte, les «hautes parties contractantes» sont mentionnées à deux titres: en tant que parties qui «ont décidé d'établir le présent acte», comme indiqué dans le préambule, et en tant que «ratificateurs», comme indiqué à l'article 33.

Par conséquent, les « ratificateurs » visés à l'article 247 du traité de Rome ne sont pas les mêmes que ceux visés à l'article 33 de l'acte.

Ces tâches sont accomplies par les quatre institutions visées à l'article 4 du traité. Ni le «Conseil européen» ni les «hautes parties contractantes» ne sont mentionnés dans cet article et n'ont donc aucune tâche à accomplir.

Les termes « acte » et « Union européenne » n'apparaissent pas dans le traité de Rome.

Du point de vue du droit des traités, il s'agissait là d'une digression. Cela a conduit directement au traité de Maastricht en 1992.

Le septième paragraphe du préambule de la loi stipule :

« Considérant que les chefs d'État ou de gouvernement, lors de leur conférence à Paris du 19 au 21 octobre 1972, ont approuvé l'objectif de la mise en place progressive d'une union économique et monétaire ».

La conférence de 1972 a été organisée par les ministres des affaires étrangères et les membres de la Commission.

Le 6 octobre 1972, le président français a également invité la Commission à participer à la conférence.

La Commission a ainsi été rendue conjointement responsable des travaux. Cela contredisait le principe d'«indépendance totale» énoncé dans le traité.

À l'issue de la conférence, les participants, les « chefs d'État et de gouvernement » qui allaient plus tard être connus sous le nom de « Conseil européen », ont publié une « déclaration » (voir annexe II, n° 83). Celle-ci a été présentée au Parlement néerlandais (document parlementaire 12087, n° 2).

Au bas de la page 1, le point 2 stipule :

« À cette fin, les États membres sont déterminés à renforcer la Communauté en établissant une « union économique et monétaire ».

À la page 2, sous la rubrique « Politique économique et monétaire », il est indiqué :

« Les chefs d'État ou de gouvernement réaffirment la volonté des États membres des « Communautés européennes » élargies d'établir, de manière irréversible, l'« Union économique et monétaire », confirmant tous les éléments des décisions adoptées par le Conseil et les représentants des États membres le 22 mars 1971 et le 21 mars 1972 ».

Toutefois, il ne s'agit pas de « décisions », mais de « résolutions ».

Elles ont été adoptées lors de la conférence des chefs d'État et de gouvernement à La Haye les 1ers et 2 décembre 1969 et publiées deux ans plus tard.

Or, le traité stipule que la « Commission » a le droit d'initiative et que le « Conseil » prend les décisions. Cette compétence est conférée par l'article 145 du traité de Rome.

Comme ce sont les participants à la conférence, et non le Conseil, qui ont pris ces décisions, le terme « résolution » a été utilisé :

A : « Résolution du Conseil et des représentants des gouvernements des États membres », 22 mars 1971 (voir annexe II, n° 87) ;

B : « Résolution du Conseil et des représentants des gouvernements des États membres », 21 mars 1972 (voir annexe II, n° 88).

L'article 146 du traité stipule :

« Le Conseil est composé des représentants des États membres. Chaque gouvernement désigne l'un de ses membres ».

Qui sont donc les « représentants des gouvernements des États membres » mentionnés dans les deux résolutions ?

S'ils forment ensemble le « Conseil » conformément à l'article 146, cet ajout serait superflu, à moins qu'il ne fasse référence aux dirigeants de la Conférence.

Le terme « résolution » n'est pas sans ambiguïté ; une résolution n'est pas un acte juridique ou une décision, comme l'indique la Déclaration (voir annexe II, n° 83).

Le terme « résolution » n'apparaît pas dans le traité de Rome. Le processus décisionnel décrit ici n'y figure pas non plus. La question reste de savoir pourquoi ces « résolutions » sont qualifiées de décisions dans la « déclaration ».

L'objectif de la résolution du 22 mars 1971 est « la réalisation progressive d'une union économique et monétaire dans la Communauté » (préambule).

Le septième paragraphe de cette résolution stipule :

« La première étape ne peut être considérée comme une fin en soi ; elle est indissociable de l'ensemble du processus d'intégration économique et monétaire. Cette étape doit donc être poursuivie avec détermination en vue de l'objectif final. »

À la page 2, le quatrième paragraphe stipule :

« Désireux de confirmer le caractère irrévocable de l'action décidée par les chefs d'État ou de gouvernement en vue de réaliser une « union économique et monétaire ».

Les sixième et septième paragraphe du point 2 stipulent :

« Les mesures à mettre en œuvre devraient conduire la Communauté, à la fin de ce processus, à :

2. à former une unité monétaire distincte au sein du système international, caractérisée par la convertibilité totale et irrévocable des monnaies, la suppression des marges de fluctuation des taux de change et la fixation permanente des taux de change — conditions nécessaires à l'introduction d'une monnaie unique — et un système de banques centrales fonctionnera au sein de cette entité monétaire ».

Le premier paragraphe de la page 1 stipule :

« Vu le communiqué final de la conférence des chefs d'État et de gouvernement qui s'est tenue à La Haye les 1ers et 2 décembre 1969, et en particulier son point 8, dans lequel ils expriment leur souhait de voir la Communauté évoluer vers une « union économique et monétaire » grâce à la mise en œuvre d'un plan par étapes ».

Le point 8 du communiqué de 1969 (voir annexe II, n° 82) stipule :

« Les chefs d'État et de gouvernement participants ont réaffirmé leur volonté d'accélérer les progrès nécessaires pour renforcer la Commu-

nauté et la transformer en une union économique. Ils considèrent que le processus d'intégration doit conduire à une communauté de stabilité et de croissance.

À cette fin, ils ont convenu que, sur la base du mémorandum présenté par la Commission le 12 février 1969 et en étroite collaboration avec celle-ci, le Conseil élaborerait un plan à mettre en œuvre par étapes au cours de l'année 1970, dans le but de réaliser l'« union économique et monétaire ».

Les chefs d'État et de gouvernement ont donc donné mandat au Conseil d'élaborer, en étroite coopération avec la Commission, un plan visant à réaliser l'Union économique et monétaire.

Toutefois, le traité de Rome ne prévoit pas cette ligne de conduite. Le Conseil ne peut recevoir d'instructions des chefs de gouvernement ; la Commission est indépendante et dispose du droit d'initiative.

Dans ce cas, l'initiative a été prise par les chefs d'État et de gouvernement ; le Conseil et la Commission ont été associés au processus et en ont été rendus conjointement responsables.

Après 1969, il n'y avait plus de retour en arrière possible. Les initiateurs disposaient d'une autorité suffisante pour mener à bien ce projet.

Cela a ouvert la voie à une série de « résolutions », à des conférences telles que celle de Paris en 1972 et à des réunions régulières du Conseil européen. Ces initiatives ont finalement abouti à l'Acte unique européen en 1987.

Ce processus a abouti au traité de Maastricht de 1992, dans lequel le Conseil européen (anciennement les chefs d'État et de gouvernement) s'est attribué des pouvoirs en vertu du traité.

En d'autres termes, il s'agissait d'une prise de pouvoir progressive, obtenue en enfermant peu à peu le Conseil et la Commission, qui se sont laissés induire en erreur.

Le huitième paragraphe du préambule de l'Acte stipule :

«Vu l'annexe aux conclusions de la présidence du Conseil européen de Brême des 6 et 7 juillet 1978, ainsi que la résolution du Conseil européen de Bruxelles du 5 décembre 1978 concernant la création du

Système monétaire européen (SME) et les questions connexes, et constatant que la Communauté et les banques centrales des États membres ont, conformément à cette résolution, pris un certain nombre de mesures pour mettre en œuvre la coopération monétaire ».

Les « Conclusions du présidium du Conseil européen » ont été publiées le 18 juillet 1978 (voir annexe II, n° 89). Il s'agit d'un rapport de la réunion du Conseil européen qui s'est tenue à Brême les 6 et 7 juillet 1978.

À la page 3, point 2, « Politique monétaire », il est indiqué :

« À la suite des discussions qui ont eu lieu à Copenhague le 7 avril 1978, le Conseil européen a examiné les dispositions ci-jointes relatives à une coopération monétaire plus étroite (« Système monétaire européen ») qui devraient conduire à l'établissement d'une zone de stabilité monétaire en Europe. Ces dispositions ont été proposées par certains membres du Conseil européen.

Le Conseil européen a décidé de charger les ministres des finances d'élaborer les orientations nécessaires à l'intention des autorités communautaires compétentes lors de leur réunion du 24 juillet 1978. Cela permettrait aux autorités d'élaborer les mesures nécessaires au fonctionnement d'un tel système avant le 31 octobre 1978, avec des modifications si nécessaire.

Le Conseil européen pourrait alors prendre des décisions et contracter des engagements lors de sa réunion des 4 et 5 décembre 1978. »

Cela soulève la question suivante : « Prendre des décisions et prendre des engagements » au nom de qui ?

Les traités européens n'accordent pas les pouvoirs nécessaires aux chefs de gouvernement présents ici, qui n'ont aucun mandat.

L'« arrangement » qui l'accompagne figure en annexe du rapport du Conseil européen de Brême, aux pages 16 et 17.

Le point 4 de la page 17 stipule :

« **Au plus tard deux ans après le début de l'arrangement, les accords et institutions existants seront consolidés dans un Fonds monétaire européen.** »

Lors de la conférence de presse qui a clôturé le Conseil européen, le président de la Commission européenne a déclaré :

« Ce Conseil européen a été de loin le plus important et le plus utile des cinq auxquels j'ai participé » (voir annexe II, n° 92).

Dans une lettre datée du 21 août 1978 (voir annexe II, n° 91), le ministre des Finances a informé la Chambre des représentants de la procédure à suivre, entre autres.

« Le Conseil européen a demandé aux ministres des Finances d'élaborer les lignes directrices nécessaires à l'intention des organes communautaires compétents lors de leur réunion du 24 juillet.

Au cours de cette réunion, le Conseil (c'est-à-dire le Conseil des ministres tel que défini à l'article 146 du traité de Rome) **a demandé au Comité de politique monétaire et au Comité des gouverneurs des banques centrales d'examiner les propositions formulées à Brême.**

Le Comité de politique économique a été chargé d'examiner, en collaboration avec la Commission, les mesures à prendre pour renforcer les économies des États membres les moins prospères, en vue d'une coopération monétaire plus étroite (*ce que l'on appelle les « études de compétitivité »*).

L'objectif est d'achever ces études avant le 31 octobre, afin que les décisions puissent être prises lors de la réunion du Conseil européen des 4 et 5 décembre. »

Il existe deux voies : l'une via le Conseil (article 145 et suivants du traité de Rome) et l'autre via la Commission (article 155 et suivants du traité de Rome). Le Conseil européen a donné mandat aux deux institutions de la CEE : le Conseil et la Commission.

Le 27 octobre 1978, la Commission a présenté au Conseil une « proposition » en deux parties (publiée le 10 novembre 1978 ; voir annexe II, n° 93) :

I. *Proposition de règlement (CEE) du Conseil modifiant la valeur de l'unité de compte utilisée par le Fonds européen de coopération monétaire ; et*
II. *Proposition de règlement (CEE) du Conseil instituant un système monétaire européen.*

Au titre II, le premier néerlandais considérant stipule :

« Considérant que le Conseil européen, lors de sa réunion à Brême les 6 et 7 juillet 1978, a estimé que la mise en place d'une zone de coopération monétaire plus étroite grâce à la création d'un système monétaire européen constituait un objectif hautement souhaitable, et considérant que le Conseil, lors de sa réunion à Bruxelles les 4 et 5 décembre, a défini les principes de mise en place de ce système à partir de janvier 1979 ».

Le terme « indiqué » est utilisé au présent parfait le 27 octobre 1978, faisant référence à une action qui aura lieu les lundi 4 et mardi 5 décembre 1978.

Le jeudi 30 novembre 1978, un débat a eu lieu (voir annexe II, n° 94) portant notamment sur la lettre d'information du ministre néerlandais des Finances du 21 août 1978 (voir annexe II, n° 91).

Ce débat portait sur le processus décisionnel concernant le SME.

À la page 1930 du rapport, les déclarations suivantes concernant une motion soumise au vote (voir annexe II, n° 95) sont mentionnées :

Le ministre des Finances :

« Il est précisé qu'« il doit être absolument clair que la motion n'empêche pas la prise de décisions lundi ou mardi prochain, qui, dans le respect de l'article 235 du traité, peuvent être prises ». Celles-ci concernent les règlements et les extensions des mécanismes de crédit, non pas sur la base de l'article 236, mais sur la base de ceux qui existent déjà. Cela doit rester possible. Si M. Patijn n'a pas l'intention d'exclure cette possibilité dans sa motion, il devrait, à mon avis, le préciser plus clairement. Il m'a semblé qu'aucune décision ne pouvait être prise. Bien sûr, nous ne pouvons pas travailler ainsi. »

Député :

« Je n'ai pas reçu de la part du ministre un aperçu détaillant les réglementations spécifiques qui seront discutées mardi (5 décembre). S'il est disposé à nous les fournir à ce stade avancé afin que nous

puissions les examiner, je pourrai répondre à la question du ministre. Cependant, le ministre van der Klaauw (Affaires étrangères) a initialement ignoré mes questions. Comment puis-je maintenant déterminer si le gouvernement peut aller de l'avant ? Je verrai. Pour l'instant, j'aimerais savoir quelles décisions seront prises, que ce soit sur la base de l'article 235 ou non. S'il y en a beaucoup, le ministre devrait nous en informer. »

Après un amendement à la motion, le ministre des Affaires étrangères a répondu :

« Même après avoir amendé la motion, les mêmes objections subsistent. À mon avis, cela signifie que nous aurons les mains liées dans le processus décisionnel de la semaine prochaine. »

Cela reconnaît que la motion fait effectivement une différence ; sinon, les « mains » n'auraient pas pu être « liées ».

La réponse du député suggère également qu'il n'avait pas connaissance de la proposition de règlement du Conseil de la Commission du 27 octobre 1978, puisqu'il a demandé des « règlements spécifiques ».

Les ministres des finances et des affaires étrangères étaient membres du Conseil, mais ont également entrepris des « travaux préparatoires » pour le Conseil européen.

Les deux ministres avaient un double rôle dans ce débat.

Ils ont débattu des questions avec le Parlement tout en participant simultanément au processus décisionnel sur ces mêmes questions lors du Conseil européen des 4 et 5 décembre 1978.

La motion (document parlementaire n° 15132, n° 7) a été rejetée :

« Elle demandait qu'aucune décision définitive ne soit prise sur la création d'un « système monétaire européen » avant d'avoir obtenu l'accord des États généraux ».

La Chambre s'est donc retrouvée dans une situation délicate, d'autant plus que ce débat n'avait été ajouté à l'ordre du jour que le 30 novembre 1978, à la dernière minute.

Les « Conclusions de la présidence du Conseil européen » des 4 et 5 décembre 1978 (voir annexe II, n° 90) indiquent ce qui suit au point 1 de la page 1, « Système monétaire européen » :

« Sur la base des travaux préparatoires menés par le Conseil (ministres de l'Économie et des Finances), le Comité monétaire et le Comité des gouverneurs des banques centrales, le Conseil européen a décidé d'instaurer un « Système monétaire européen » au 1er janvier 1979 ».

Cet « accord » figurant à l'annexe 1 est intitulé :

« Résolution du Conseil européen du 5 décembre 1978 relative à l'introduction du « Système monétaire européen » (SME) et aux questions connexes ».

Le point 1.2 stipule :

« Après avoir examiné en détail les travaux préparatoires menés par le Conseil et d'autres organes communautaires, ils sont convenus de ce qui suit :

Un « Système monétaire européen » (SME) sera établi le 1er janvier 1979 ».

Le point 1.3 stipule :

« Nous sommes déterminés à assurer le succès continu du Système monétaire européen en menant des politiques qui conduiront à une plus grande stabilité interne et externe pour les pays présentant à la fois un déficit et un excédent de la balance des paiements ».

Le 18 décembre 1978, deux règlements du Conseil ont été publiés (voir annexe II, n° 96), à la demande du Conseil européen :

- CEE n° 3180/78, « modifiant l'unité de compte utilisée par le Fonds européen de coopération monétaire » ;

- CEE n° 3181/78, « relatif au système monétaire européen ».

Le titre « La mise en place du système monétaire européen » figurant dans la proposition de la Commission a été modifié dans le règlement du Conseil en « Concernant le système monétaire européen ».

Les deux documents font référence à l'article 235 du traité de Rome. Cette modification peut être liée à la discussion à la Chambre des représentants concernant cet article et le processus décisionnel proposé au sein du Conseil européen.

La dernière phrase du règlement stipule :

« Le présent règlement est obligatoire dans tous ses éléments et directement applicable dans tout État membre. »

Le 13 mars 1979, la décision n° 12/79 du Conseil des gouverneurs du Fonds européen de coopération monétaire a été publiée (voir annexe II, n° 98).

Cette décision a mis en vigueur le Système monétaire européen. Le préambule fait référence à la résolution du Conseil européen du 5 décembre 1978 (voir annexe II, n° 90), au règlement (CEE) n° 3180/78 (voir annexe II, n° 96) et au règlement (CEE) n° 3181/78 (voir annexe II, n° 97), tous deux datés du 18 décembre 1978, ainsi qu'au règlement (CEE) n° 907/73 du Conseil du 3 avril 1973 « instituant un Fonds européen de coopération monétaire » (voir annexe II, n° 99).

Ce fonds est le prédécesseur du « Système monétaire européen ».

Le règlement (CEE) n° 907/73 fait référence à la résolution du Conseil et des représentants des gouvernements des États membres du 22 mars 1971 (voir annexe II, n° 87) ; la décision de créer le fonds, prise lors de la réunion des chefs d'État et de gouvernement à Paris les 19 et 20 octobre 1972 (voir annexe II, n° 83) ; et la résolution du Conseil et des représentants des gouvernements des États membres du 21 mars 1972 (voir annexe II, n° 88).

Comme il s'agit d'un « règlement » et non d'une « résolution », il était nécessaire de faire référence à l'article 235 du traité de Rome dans le préambule. La raison en est exposée dans le septième considérant :

« Le traité ne prévoit pas les pouvoirs nécessaires à la création de ce Fonds ».

L'article 235 prévoit que, si cela est nécessaire dans le cadre du marché commun pour atteindre l'un des objectifs, le Conseil peut prendre les mesures appropriées sur proposition de la Commission, même si le traité ne prévoit pas les pouvoirs nécessaires à cet effet.

L'article 235 précise qui est compétent, et ce ne sont pas les chefs d'État ou de gouvernement.

Les « statuts du Fonds européen de coopération monétaire » sont annexés au présent règlement.

Le premier paragraphe de l'article 1er stipule :

« Le Fonds est administré et géré par un conseil des gouverneurs. Les membres du conseil des gouverneurs sont les membres du comité des gouverneurs des banques centrales des États membres de la Communauté économique européenne, tel qu'établi par la décision du Conseil du 8 mai 1964 concernant la coopération entre les banques centrales des États membres de la Communauté économique européenne ».

Il s'agit donc du Conseil des gouverneurs du Fonds européen de coopération monétaire (voir annexe II, n° 98).

Le troisième paragraphe stipule :

« Un membre de la Commission participe aux délibérations du conseil d'administration ».

Le premier paragraphe de l'article 2 stipule :

« Le conseil des gouverneurs agit conformément aux politiques économiques générales définies par le Conseil en vertu du traité et conformément aux orientations que le Conseil peut adopter à l'unanimité sur proposition de la Commission, afin d'atteindre les objectifs du Fonds. »

L'article 5, sixième paragraphe, stipule :

« Toute autre modification de la valeur de l'unité de compte est décidée par le Conseil, statuant à l'unanimité sur proposition de la Commission, après que le Comité monétaire et le Comité exécutif du Fonds ont donné leur avis. »

Le Comité des gouverneurs des banques centrales n'a ici qu'un rôle consultatif et doit exécuter les instructions du Conseil.

En d'autres termes, les banques centrales ont perdu leur indépendance vis-à-vis du monde politique.

Cela soulève la question de savoir comment cela a pu se produire.

Outre le bluff, une question formelle est également en jeu :

« L'absence du « règlement intérieur » du « Conseil de la Communauté européenne », qui aurait dû être adopté en vertu de l'article 151 du « traité de Rome ».

Un « règlement intérieur provisoire » a été adopté le 18 mars 1958 (voir annexe II, n° 100).

Le « Traité instituant un Conseil et une Commission communs aux Communautés européennes » (Recueil des traités 1965, n° 130 ; voir annexe II, n° 102) est entré en vigueur le 1er juillet 1967, son article 5 obligeant le Conseil à adopter un nouveau règlement intérieur.

Le Conseil a adopté ce nouveau règlement le 24 juillet 1979 (voir annexe II, n° 101) et l'a publié au Journal officiel le 25 octobre 1979 sous les numéros 79/868/CECA et 79/868/Euratom.

Le préambule du règlement de 1979 stipule :

« Adopté par le Conseil le 24 juillet 1979 sur la base de l'article 5 du traité du 8 avril 1965 ».

Il s'agit de l'article 5 du traité de 1965, et non du « règlement intérieur provisoire » de 1958.

Par conséquent, entre le 1er juillet 1967 et le 24 juillet 1979, le Conseil a fonctionné sans règlement intérieur.

L'article 151 du traité de Rome stipule également :

« Ce règlement peut également prévoir la création d'un comité composé de représentants des États membres. Le Conseil détermine les tâches et les compétences de ce comité ».

Par conséquent, les décisions du Conseil, qu'elles soient prises au nom des « chefs d'État ou de gouvernement » ou du « Conseil européen », ne peuvent avoir aucune base juridique.

En d'autres termes, aucune décision prise depuis le 1er juillet 1967 n'a de base juridique ; les États membres et les banques centrales ne sont liés par rien. L'édifice monétaire érigé jusqu'à présent manque de fondations.

L'article 175 du traité de Rome stipule :

« **Si le Conseil ou la Commission ne prennent pas de décision en violation du présent traité, les États membres et les autres institutions de la Communauté peuvent saisir la Cour de justice afin qu'elle statue sur l'infraction.** »

En d'autres termes, il s'agit d'un cas de défaillance collective.

En ce qui concerne les développements envisagés par le traité de Rome, l'horloge s'est arrêtée le 1er juillet 1967 pour la Communauté européenne du charbon et de l'acier (CECA) et la Communauté européenne de l'énergie atomique (CEEA/Euratom).

Leo Tindemans était l'un des hommes politiques les plus célèbres de l'histoire de l'après-guerre. En tant que Premier ministre de Belgique, il a joué un rôle important dans la politique européenne. En 1974, ses homologues chefs d'État et de gouvernement l'ont chargé de rédiger un rapport sur l'avenir de l'intégration européenne.

Dans son livre *Europe Without a Compass,* il écrit :

« **Avec la fusion des institutions en 1967, une attention accrue a été accordée au rôle du Comité des représentants permanents (Coreper), à la création juridique du secrétariat du Conseil et aux procédures à suivre par le Conseil dans ses travaux.**

La base en a été posée à l'article 5 du traité de fusion : « Le Conseil arrête son règlement intérieur », mais les règles pertinentes n'ont été adoptées que le 24 juillet 1979. »[21]

Voir le règlement intérieur dans les pages suivantes.

21. Leo Tindemans, *Europe sans boussole - Carnet de voyage d'un ministre,* Standaard Uitgeverij Anvers 1987, 26.

Publikatieblad

van de Europese Gemeenschappen

ISSN 0378-7087

L 268

22e jaargang

25 oktober 1979

Uitgave
in de Nederlandse taal

Wetgeving

Inhoud

I *Besluiten waarvan de publikatie voorwaarde is voor de toepassing*

. . . . . .

II *Besluiten waarvan de publikatie niet voorwaarde is voor de toepassing*

Raad

79/868/EGKS, EEG, Euratom :

1

Besluiten waarvan de titels mager zijn gedrukt, zijn besluiten van dagelijks beheer die in het kader van het landbouwbeleid zijn genomen en die in het algemeen een beperkte geldigheidsduur hebben.

Besluiten, waarvan de titels vet zijn gedrukt en die worden voorafgegaan door een sterretje, zijn alle andere besluiten.

II

(Besluiten waarvan de publikatie niet voorwaarde is voor de toepassing)

RAAD

REGLEMENT VAN ORDE

vastgesteld door de Raad op 24 juli 1979 op grondslag van artikel 5 van het Verdrag van 8 april 1965 tot instelling van één Raad en één Commissie die de Europese Gemeenschappen gemeen hebben

(79/868/EGKS, EEG, Euratom)

Artikel 1

1. De Raad komt bijeen op oproep van de Voorzitter op diens initiatief, op initiatief van één van zijn leden of van de Commissie.

2. De Voorzitter geeft zeven maanden voor de aanvang van zijn voorzitterschap kennis van de data die hij voor de zittingen van de Raad tijdens zijn voorzitterschap overweegt.

Artikel 2

1. De Voorzitter stelt voor iedere zitting de voorlopige agenda op. Deze wordt de overige leden van de Raad en de Commissie ten minste tien dagen voor de aanvang van de zitting toegezonden.

2. De voorlopige agenda bevat de punten welke een lid van de Raad of de Commissie heeft verzocht daarop te plaatsen ; een zodanig verzoek en, in voorkomende gevallen, de daarop betrekking hebbende documentatie moeten ten minste twaalf dagen voor de aanvang van die zitting op het Secretariaat-generaal zijn ontvangen.

3. Op de voorlopige agenda kunnen slechts die punten worden geplaatst, waarvoor de documentatie uiterlijk op de verzenddatum van die agenda aan de leden van de Raad en aan de Commissie wordt toegezonden.

4. Het Secretariaat-generaal doet de leden van de Raad en de Commissie mededeling van de verzoeken tot plaatsing op de agenda en van de daarop betrekking hebbende documentatie waarvoor bovengenoemde termijnen niet in acht zijn genomen.

5. De agenda wordt bij de aanvang van iedere zitting door de Raad vastgesteld. Andere punten dan die welke op de voorlopige agenda voorkomen, kunnen slechts met eenparigheid van stemmen op de agenda worden geplaatst.

6. De voorlopige agenda wordt verdeeld in een deel A en een deel B. Onder deel A worden de punten ingeschreven die de Raad zonder debat kan goedkeuren ; zulks sluit voor elk der leden van de Raad en voor de Commissie niet de mogelijkheid uit om bij de goedkeuring van deze punten zijn/haar mening kenbaar te maken en verklaringen in de notulen te doen opnemen.

7. Indien een standpuntbepaling ten aanzien van een A-punt evenwel aanleiding kan geven tot een nieuw debat of indien een lid van de Raad of de Commissie hierom verzoekt, wordt dit punt van de agenda geschrapt, tenzij de Raad anders beslist.

Artikel 3

1. De zittingen van de Raad zijn niet openbaar, tenzij de Raad met eenparigheid van stemmen anders besluit.

2. De Commissie wordt uitgenodigd deel te nemen aan de zittingen van de Raad. De Raad kan echter besluiten te beraadslagen buiten tegenwoordigheid van de Commissie.

3. De leden van de Raad en van de Commissie kunnen zich doen vergezellen door ambtenaren die hen bijstaan. Het aantal van deze ambtenaren kan worden bepaald door de Raad.

De namen en functies van die ambtenaren worden de Secretaris-generaal vooraf medegedeeld.

4. De toegang tot de zittingen van de Raad wordt afhankelijk gesteld van het overleggen van een bewijs van toegang.

Artikel 4

Behoudens de bepalingen inzake de overdracht van stemrecht bedoeld in artikel 5, kan een lid van de Raad dat verhinderd is een zitting bij te wonen, zich doen vertegenwoordigen.

Artikel 5

1. De leden van de Raad stemmen in de alfabetische volgorde der Lid-Staten vermeld in artikel 2 van het Verdrag tot instelling van één Raad en één Commissie welke de Europese Gemeenschappen gemeen hebben, te beginnen bij het lid dat in die volgorde volgt op het lid dat met het voorzitterschap is bekleed.

2. De overdracht van het stemrecht is slechts toegestaan ten gunste van een ander lid van de Raad.

Artikel 6

1. De besluiten van de Raad inzake een dringende aangelegenheid kunnen tot stand komen door middel van een schriftelijke stemming, wanneer alle leden van de Raad een dergelijke procedure voor die aangelegenheid aanvaarden.

2. Bovendien is voor het volgen van deze procedure aanvaarding door de Commissie vereist in alle gevallen waarin de schriftelijke stemming een onderwerp betreft dat de Commissie bij de Raad aanhangig heeft gemaakt.

3. Maandelijks wordt een overzicht opgesteld van de middels de schriftelijke procedure aangenomen besluiten.

Artikel 7

1. Van iedere zitting worden notulen gemaakt, die na goedkeuring ondertekend worden door de Voorzitter die op het ogenblik van de goedkeuring in functie is, en door de Secretaris-generaal.

In de notulen worden in het algemeen ten aanzien van elk agendapunt vermeld :

— de aan de Raad voorgelegde documenten ;
— de besluiten of conclusies van de Raad ;
— de verklaringen van de Raad en de verklaringen waarvan een lid van de Raad of de Commissie opneming hebben gevraagd.

2. De ontwerp-notulen worden binnen 15 dagen door het Secretariaat-generaal opgesteld en ter goedkeuring aan de Raad voorgelegd.

3. Elk lid van de Raad of de Commissie kan vóór deze goedkeuring verzoeken om de notulen over een bepaald agendapunt uitvoeriger te formuleren.

4. De in artikel 9 bedoelde teksten worden aan de notulen gehecht.

Artikel 8

1. Behoudens een andersluidend besluit dat de Raad met eenparigheid van stemmen neemt om dringende redenen, beraadslaagt en besluit de Raad alleen op de grondslag van de documenten en ontwerpen die zijn gesteld in de talen genoemd in de geldende regeling van het taalgebruik.

2. Ieder lid van de Raad kan zich tegen beraadslaging verzetten indien de tekst van eventuele amendementen niet is gesteld in die van bovenbedoelde talen die het aanwijst.

Artikel 9

De tekst van de door de Raad vastgestelde besluiten wordt voorzien van de handtekening van de Voorzitter die op het ogenblik van hun aanneming in functie is, en van die van de Secretaris-generaal.

Artikel 10

De verordeningen van de Raad bevatten in de titel het woord „verordening", een volgnummer, de datum van aanvaarding en de aanduiding van het onderwerp.

Artikel 11

De verordeningen van de Raad bevatten :

a) de formule „De Raad van de Europese Gemeenschappen",
b) de aanduiding van de bepalingen krachtens welke de verordening wordt vastgesteld, voorafgegaan door de woorden „Gelet op",
c) de vermelding van voorstellen, adviezen en raadplegingen die zijn gevraagd,
d) de motivering van de verordening, beginnend met het woord „Overwegende",
e) de formule „Heeft de volgende verordening vastgesteld", gevolgd door de tekst van de verordening.

Artikel 12

1. De verordeningen worden ingedeeld in artikelen.

2. Het laatste artikel bepaalt de datum van inwerkingtreding ingeval deze eerder of later valt dan de twintigste dag volgende op die van de bekendmaking. Het wordt gevolgd :

— door de formule : „Deze verordening is verbindend in al haar onderdelen en is rechtstreeks toepasselijk in elke Lid-Staat.",
— door de formule : „Gedaan te ......, ...", waarbij de datum die is waarop de Raad de verordening heeft aangenomen,

en

— door de formule : „Voor de Raad
De Voorzitter"

gevolgd door de naam van de Voorzitter die op het ogenblik van de aanneming van de verordening in functie is.

Artikel 13

De door de Raad vastgestelde verordeningen worden in het *Publikatieblad van de Europese Gemeenschappen* bekendgemaakt door de zorg van de Secretaris-generaal.

Artikel 14

De richtlijnen en de beschikkingen van de Raad dragen de titel „Richtlijn" of „Beschikking".

Hierop zijn de bepalingen van toepassing die in artikel 11 voor de verordeningen zijn vastgesteld.

Artikel 15

1. De Voorzitter geeft kennis van de richtlijnen, beschikkingen en aanbevelingen van de Raad. Hij kan de Secretaris-generaal opdragen deze kennisgevingen namens hem te verrichten.

2. De Secretaris-generaal doet aan de Regeringen der Lid-Staten en aan de Commissie afschrift toekomen van de richtlijnen, beschikkingen en aanbevelingen.

3. De Raad besluit met eenparigheid van stemmen of de richtlijnen, beschikkingen en aanbevelingen ter informatie in het *Publikatieblad van de Europese Gemeenschappen* moeten worden bekendgemaakt.

Artikel 16

1. Het Comité, bestaande uit de Permanente Vertegenwoordigers van de Lid-Staten, bedoeld in artikel 4 van het Verdrag tot instelling van één Raad en één Commissie welke de Europese Gemeenschappen gemeen hebben, bereidt de werkzaamheden van de Raad voor en voert de hem door de Raad verstrekte opdrachten uit.

2. Het kan werkgroepen instellen en deze belasten met het verrichten van bepaalde voorbereidende werkzaamheden of studies welke het omschrijft.

3. Behoudens andersluidend besluit van de Raad wordt de Commissie uitgenodigd, zich te doen vertegenwoordigen bij de werkzaamheden van dit Comité en van de werkgroepen.

4. Het Comité wordt voorgezeten door de afgevaardigde van de Lid-Staat, waarvan de vertegenwoordiger in de Raad met het voorzitterschap is bekleed. Hetzelfde geldt voor de werkgroepen, behoudens andersluidend besluit van het Comité.

Artikel 17

1. De Raad wordt bijgestaan door een Secretariaat-generaal onder leiding van een Secretaris-generaal. De Secretaris-generaal wordt door de Raad met eenparigheid van stemmen benoemd.

2. De Raad beslist over de organisatie van het Secretariaat-generaal.

Onder gezag van de Raad neemt de Secretaris-generaal de nodige maatregelen om de goede werking van het Secretariaat-generaal te waarborgen.

3. De Secretaris-generaal legt de ontwerp-raming van de uitgaven van de Raad op een zodanig tijdstip aan de Raad voor dat de in de financiële voorschriften gestelde termijnen in acht kunnen worden genomen.

4. Overeenkomstig de bepalingen van het Financieel Reglement bedoeld in artikel 78 novies van het EGKS-Verdrag, artikel 209 van het EEG-Verdrag en artikel 183 van het EGA-Verdrag, beheert de Secretaris-generaal de gelden die ter beschikking van de Raad zijn gesteld.

Artikel 18

Onverminderd andere ter zake geldende bepalingen, zijn de beraadslagingen van de Raad aan geheimhouding onderworpen, voor zover de Raad niet anders besluit.

De Raad kan machtiging verlenen een afschrift van of een uittreksel uit zijn notulen in rechte over te leggen.

Artikel 19

1. Behoudens bijzondere procedures kan de Raad door zijn Voorzitter of door een ander van zijn leden worden vertegenwoordigd voor het Europese Parlement en zijn commissies.

2. De Raad kan zijn opvattingen ook schriftelijk ter kennis van het Europese Parlement brengen.

Artikel 20

De voor de Raad bestemde correspondentie wordt tot de Voorzitter, aan het adres van het Secretariaat-generaal, gericht.

Gedaan te Brussel, 24 juli 1979.

Voor de Raad

De Voorzitter

M. O'KENNEDY

Journal
officiel des Communautés européennes

ISSN 0378-7087
L 268
22e année
25 octobre 1979

CONSEIL

RÈGLEMENT INTÉRIEUR

adopté par le Conseil le 24 juillet 1979 sur la base de l'article 5 du traité du 8 avril 1965 instituant un Conseil unique et une Commission unique des Communautés européennes

(79/868/CECA, CEE, Euratom)

Article 1

Le Conseil se réunit sur convocation de son président, à l'initiative de celui-ci ou à la demande d'un de ses membres ou de la Commission.

(2) Le président annonce les dates des réunions du Conseil sept mois avant le début de chaque période, pour la durée de son mandat.

Article 2

1. Le président établit l'ordre du jour provisoire de chaque réunion et le transmet aux autres membres du conseil et à la commission au moins dix jours avant le début de la réunion.

2. Il comprend les points pour lesquels une demande d'inscription à l'ordre du jour, accompagnée des documents y afférents, a été reçue par le Secrétariat général de la part d'un membre du Conseil ou de la Commission au moins douze jours avant le début de la réunion.

3. Seuls les points pour lesquels les documents ont été envoyés aux membres du Conseil et de la Commission à la date d'envoi de l'ordre du jour provisoire peuvent y être inscrits.

4. Le Secrétariat général transmet aux membres du Conseil et de la Commission les demandes d'inscription à l'ordre du jour et les documents y afférents pour lesquels les délais susmentionnés n'ont pas été respectés.

5. L'ordre du jour est adopté par le Conseil au début de chaque réunion. L'ajout d'un point à l'ordre du jour requiert l'accord unanime du Conseil.

6. L'ordre du jour provisoire est divisé en deux parties : A et B. Les points pour lesquels l'approbation du conseil est possible sans discussion sont inscrits à la partie A. Les membres du conseil ou de la commission peuvent toutefois exprimer leur opinion au moment de l'approbation de ces points et faire inscrire leurs déclarations au procès-verbal.

7. Un point « A » est toutefois retiré de l'ordre du jour, sauf décision contraire du Conseil, si une prise de position sur un point « A » est susceptible d'entraîner une discussion plus approfondie ou si un membre du Conseil ou de la Commission en fait la demande.

Article 3

1. Les réunions du Conseil ne sont pas publiques, sauf décision contraire prise à l'unanimité par le Conseil.

2. La Commission est invitée à participer aux réunions du Conseil, mais celui-ci peut décider de délibérer en l'absence de la Commission.

3. Les membres du Conseil et de la Commission peuvent être accompagnés de fonctionnaires qui les assistent. Le nombre de ces fonctionnaires peut être fixé par le Conseil.

Leurs noms et fonctions sont communiqués à l'avance au secrétaire général.

4. L'accès aux réunions du Conseil est subordonné à la présentation d'un laissez-passer.

Article 4

Sous réserve des dispositions de l'article 5 relatives à la délégation des droits de vote, un membre du Conseil qui ne peut assister à une réunion peut se faire représenter.

Article 5

1. Les membres du Conseil votent dans l'ordre alphabétique des États membres, tel que fixé à l'article 2 du traité instituant un Conseil unique et une Commission unique des Communautés européennes, en commençant

par le membre qui, selon cet ordre, suit le membre exerçant la fonction de président.

2. La délégation du droit de vote ne peut être faite qu'à un autre membre du Conseil.

Article 6

1. Les actes du Conseil sur une question urgente peuvent être adoptés par vote écrit, à condition que tous les membres du Conseil acceptent cette procédure pour la question en cause.

2. En outre, l'accord de la Commission est requis lorsque le vote écrit porte sur une question que celle-ci a soumise au Conseil.

3. Un résumé des actes adoptés par cette procédure est établi chaque mois.

Article 7

1. Un procès-verbal de chaque réunion est établi, puis approuvé et signé par le président en exercice au moment de cette approbation, ainsi que par le secrétaire général.

Le procès-verbal indique, en règle générale, pour chaque point de l'ordre du jour :

- les documents soumis au Conseil ;
- les décisions prises ou les conclusions adoptées par le Conseil.
- les déclarations faites par le Conseil et par les personnes dont l'inscription a été demandée par un membre du Conseil ou de la Commission.

2. Le Secrétariat général établit le projet de procès-verbal dans un délai de quinze jours et le soumet au Conseil pour approbation.

3. Avant cette approbation, tout membre du Conseil ou de la Commission peut demander que des précisions supplémentaires soient inscrites au procès-verbal concernant tout point de l'ordre du jour.

4. Les textes visés à l'article 9 sont annexés au procès-verbal.

Article 8

1. Sauf en cas d'urgence, décidé à l'unanimité par le Conseil, celui-ci ne délibère et ne prend de décisions que sur la base de documents et de projets rédigés dans les langues prévues par les règles linguistiques en vigueur.

2. Tout membre du Conseil peut s'opposer à la discussion si les textes des amendements proposés ne sont pas rédigés dans l'une des langues susmentionnées.

Article 9

Les textes des actes adoptés par le Conseil sont signés par le président en exercice au moment de leur adoption et par le secrétaire général.

Article 10

Les règlements du Conseil comportent dans leur titre le mot «règlement», suivi d'un numéro d'ordre, de la date de leur adoption et d'une indication de leur objet.

Article 11

Les règlements du Conseil comportent les éléments suivants :

a) la formule « Le Conseil des Communautés européennes » ;

b) une référence aux dispositions en vertu desquelles le règlement est adopté, précédée des mots « Vu » ;

c) les références aux propositions et avis obtenus, ainsi qu'aux consultations menées ;

d) un exposé des motifs sur lesquels le règlement est fondé, introduit par les mots « considérant » ;

e) la phrase « a adopté le présent règlement », suivie du corps du règlement ;

Article 12

1. Les règlements sont divisés en articles.

2. Le dernier article fixe la date d'entrée en vigueur, lorsque celle-ci est postérieure ou antérieure au vingtième jour suivant la publication. Il est suivi de la mention suivante :

- Le présent règlement est obligatoire dans tous ses éléments et directement applicable dans tous les États membres.
- « Fait à […] le […] », suivi de la date à laquelle le Conseil a adopté le règlement.
- « Par le Conseil, le président », suivi du nom du président en exercice au moment de l'adoption.

Article 13

Les règlements adoptés par le Conseil sont publiés au Journal officiel des Communautés européennes par le secrétaire général.

Article 14

Les directives et les décisions du Conseil comportent dans leur titre les mots « directive » ou « décision ».

Les dispositions relatives aux règlements énoncées à l'article 11 s'appliquent également aux directives et aux décisions.

Article 15

1. Le président notifie les directives, les décisions et les recommandations du Conseil. Il peut charger le secrétaire général de procéder à ces notifications en son nom.

2. Le secrétaire général transmet les copies authentiques de ces documents aux gouvernements des États membres et à la Commission.

3. Le Conseil décide à l'unanimité si les directives, les décisions et les recommandations doivent être publiées à titre d'information au Journal officiel des Communautés européennes.

Article 16

1. Le comité composé des représentants permanents des États membres, visé à l'article 4 du traité instituant un Conseil unique et une Commission unique des Communautés européennes, prépare les travaux du Conseil et exécute les tâches qui lui sont confiées par celui-ci.

2) Il peut créer des groupes de travail et leur confier l'exécution de travaux préparatoires ou d'études qu'il définit.

3. Sauf décision contraire du Conseil, la Commission est invitée à participer aux travaux du comité et de ses groupes de travail.

4. Le comité est présidé par le délégué de l'État membre dont le représentant préside le Conseil. Il en va de même pour les groupes de travail, sauf décision contraire du comité.

Article 17

1. Le Conseil est assisté par un Secrétariat général placé sous la direction d'un Secrétaire général nommé par le Conseil statuant à l'unanimité.

2. Le Conseil détermine l'organisation du secrétariat général.

Sous son autorité, le secrétaire général prend toutes les mesures nécessaires au bon fonctionnement du secrétariat.

3. Le secrétaire général soumet au Conseil, en temps utile, le projet d'état prévisionnel des dépenses du Conseil, afin que les délais prévus par les dispositions financières puissent être respectés.

4. Conformément aux dispositions financières visées aux articles 78 H du traité CECA, 209 du traité CEE et 183 du traité Euratom, il gère les fonds mis à la disposition du Conseil.

Article 18

Sans préjudice d'autres dispositions applicables, les délibérations du Conseil sont couvertes par le secret professionnel, sauf si le Conseil en décide autrement.

Le Conseil peut autoriser la production d'une copie ou d'un extrait de ses procès-verbaux à des fins judiciaires.

Article 19

1. Sous réserve de procédures spéciales, le Conseil peut être représenté par son président ou par tout autre membre de celui-ci devant le Parlement européen ou ses commissions.

2. Le Conseil peut également présenter ses points de vue au Parlement européen au moyen d'une déclaration écrite.

Article 20

La correspondance destinée au Conseil est adressée au président à l'adresse du Secrétariat général.

Fait à Bruxelles, le 24 juillet 1979.

Pour le Conseil,

Le président,

M. O'Kennedy

Annexe partie I

1) **Débat sur l'éventuelle activité d'espionnage de Huawei aux Pays-Bas et la vente aux enchères des fréquences 5G - TK 51 – 9 février 2020 :** https://www.tweedekamer.nl/debat_en_vergadering/plenairevergaderingen/details?date=06-02-2020 **(faire défiler vers le bas et cliquer à 15h30).**

2) **Loi temporaire Covid-19 – Document parlementaire 35526, n° 3.**

3) **Lettre du ministre du 1er mai 2020 - « Préparation des mesures passives Covid-19 » :** https://www.rijksoverheid.nl/documenten/kamerstukken/2020-/05/01/tk-voorbereiding-tijdelijke-wetgeving-maatregelen-covid-19

4) **Loi sur la santé publique, article 7 :** https://wetten.overheid.nl-/BWBR0024705/2020-10-10/0/Hoofdstuk-II/Paragraaf4/Artikel7/afdrukken+informatie

5) **Lettre du ministre du 16 juillet 2020 « Introduction nationale de l'application Coronamelder » :** https://www.rijksoverheid.nl/documenten/kamerstukken/2020-/07/16/kamerbrief-over-landelijke-introductie-coronamelder

6) **« L'application Corona a été introduite dans le monde entier, mais elle n'a connu aucun succès » - 9 juillet 2020 ANP :** https://www.rtlnieuws.nl/nieuws/buitenland/artikel/5170378/corona-app-privacy-downloads-corona

7) **« Les Pays-Bas prennent la tête des applications européennes de signalement Covid-19 » 5 août 2020, *Computable* :** https://www.computable.nl/artikel/nieuws/development/-7030203/25 0449/nederland-neemt-voortouw-europese-covid-19-melders.html

8) **« Des militaires effectuent des tests de dépistage du coronavirus à Schiphol » – 12 août 2020 Ministère de la Défense :** https://www.defensie.nl/actueel/nieuws/2020/08/12/militairen-nemen-coronatesten-af-op-schiphol

9) « **Le passeport reste dans votre poche : les contrôles à Schiphol disparaissent » – 23 juillet 2020, *De Telegraaf* :**
https://www.telegraaf.nl/nieuws-/749774946/paspoort-blijft-op-zak-controle-op-schiphol-verdwijnt

10) « **Qu'est-ce que COVI-PASS ? » – site web *Covi Pass* :**
https://www.covipassbenelux.nl/covi-pass

11) « **Des drones veillent au respect des règles liées au coronavirus » – 7 août 2020, *Computable* :**
https://www.computable.nl/artikel/nieuws/maatschappij/-7032045/25 0449/drones-letten-op-naleving-corona-regels.html

12) « **Les maires veulent exercer leur influence derrière la porte d'entrée » – 30 juillet 2020, *Algemeen Dagblad* :**
https://www.ad.nl/binnenland/burgemeesters-willen-invloed-achter-de-voordeur-bij-drukke-feestjes-zijn-we-machteloos~a18cdeec

13) « **Loi temporaire sur la communication d'informations par le RIVM dans le cadre du COVID-19 », document parlementaire 35479 :**
https://zoek.officielebekendmakingen.nl/resultaten?q=(c.product-area==%22officielepublicaties-%22)and((w.publicatienaam=%22Kamer-stuk%22)and(w.dossiernummer==%2235479%22))&zv=&pg=-10&col=&svel=Kenmerkendedatum&svol=Oplopend

14) « **L'AP examine la loi d'urgence modifiée sur les données de télécommunication » – 2 juin 2020, *Computable* :**
https://www.computable.nl/artikel/nieuws/business-analytics/-6937418/250449/ap-onderzoekt-aangepaste-noodwet-telecomdata.-html

15) « **État de l'Union 2016 », 14 septembre 2016, Publication de l'Union européenne, pdf page 58 :**
https://op.europa.eu/nl/publication-detail/-/publication/c9ff4ff6-9a81-11e6-9bca-01aa75ed71a1

16) « **L'ordre juridique européen en matière d'information » E.J. Dommering – Résumé :**

17) https://www.ivir.nl/boekpresentatie-de-europese-informatie-rechtsorde-van-prof-mr-egbert-dommering/

18) **Lettre du ministre du 13 juin 2020 « Accord sur un vaccin prometteur » :** https://www.rijksoverheid.nl/documenten/kamerstukken/2020-/-06/13/overeenkomst-kansrijk-vaccin

19) **Questions parlementaires pour l'année législative 2019-2020 Annexe aux procès-verbaux n° 3302 :** https://zoek.officielebekendmakingen.nl/ah-tk-20182019-3302.html

20) **« La course au vaccin : Big Pharma obtient l'immunité - Business AM » 4 août 2020 :** https://businessam.be/de-race-om-het-vaccin-big-tech-krijgt-immuniteit-tegen-rechtszaken-voor-schadelijke-bij-werkingen

21) **Lettre du ministre datée du 11 août 2020, « Mise à jour sur la recherche des sources et des contacts et la quarantaine » :** https://www.rijksoverheid.nl/documenten/kamerstukken/2020/08-/11/kamerbrief-inzake-update-bron-en-contactonderzoek-en-quarantaine

22) **« Les banques procèdent plus rapidement à la clôture des comptes » – *Business Insider Nederland* – 10 août 2020 :** https://www.businessinsider.nl/witwassen-controles-banken-rekening-afsluiten

23) **Traité de Maastricht – Journal officiel Trb 1992, n° 74, article 129, page 45 :** https://zoek.officielebekendmakingen.nl/trb-1992-74

24) **Loi d'approbation du traité de Maastricht, document parlementaire 22647, n° 3 :** https://zoek.officielebekendmakingen.nl/resultaten?svel=Datumdocument&svol=Oplopend&pg=10&q=%28c.product-area%3D%-3D%-22sgd%22%29and%28%28dt.-type%3D%-3D%22-Kam etuk%-22%29-and%28w.dossiernum er%3D-%3D%2222647%22%-29%29-&hist=-1&pagina=7

25) **Loi d'approbation du « Traité de Maastricht » Document parlementaire 22647, n° 13 :**

https://zoek.officielebekendmakingen.nl/resultaten?svel=Datudocu -ment&svol=Oplopend&pg=10&q=-%28c.product-area-%3D%3D%-22-sgd%22%29and%28%28dt.-type%3D%3D-

26) **Mémorandum / Journal officiel UE 82/725/CECA,CEE,Euratom Pbl 300/20 - 28 octobre 1982 :**
https://eur-lex.europa.eu/legal-con-Tent-/NL/TXT/?uri=uriserv%3-AOJ.L.1982.300.01.0020.01.NLD&toc= OJ%3-AL%3A1982%-3A3-00-%3-ATOC

27) **Communication de la Commission sur la coopération avec l'OMS COM(93) 224 final du 24 mai 1993 (pdf) :**
http://aei.pitt.edu/3368

28) **Débat à la Chambre des représentants TK 18 - 4 novembre 1992, pages 18 - 1304 :**
https://zoek.officielebekendmakingen.nl/resultaten?q=(c.product-area==%22sgd%22)and((dt.type==%22Handelingen%22)and-(w.datu mVergadering%253e=%221992-11-04%22)and(w.datumVergade-ring %253c=%221992-11-04%22))&zv=&col=Handelingen&hist=1

29) **Comité d'experts sur la fluoration de l'eau, premier rapport n°146, OMS, 14 janvier 1958 (pdf) :**
https://scholar.google.com/scholar_lookup?hl=en&publication_year =-1958&-pages=20-1&author=World+Health+Organization+Techni-cal+-Report+Series+ No.+146&title=Expert+Committee+on+Water-+Fluoridation

30) **Arrêt de la Cour constitutionnelle sur la fluoration - 22 juin 1973, NJ 1973, 386 Fluoration :**
http://arresten.eu/staatsrecht/hr-22-06-1973-nj-1973-386-fluoridering

31) **Conseil européen de Birmingham Conclusions (pdf) - 16 octobre 1992 :**
https://www.consilium.europa.eu/nl/european-council/conclu-sions/-1992-1975

32) **Motion du 12 novembre 1992, document parlementaire 22647, n° 54 :**

33) https://zoek.officielebekendmakingen.nl/resultaten?q=(c.product-area-==%-22sgd%22)and((dt.type==%22Kamerstuk%22)and-(w.dossier nummer==%-2222647%22)and(w.ondernummer==-%2254%22))&zv=&col= Kamerstuk&-hist=1

34) **Lettre du ministre du 12 juillet 1996, note sur la politique de santé publique, document parlementaire 24126 n° 13 :** https://zoek.officielebekendmakingen.nl/resultaten?q=(c.product-area-==%-22officielepublicaties%22)and((w.publicatienaam-==%22Ka mer-stuk%22)-and(w.dossiernummer==%2224126-%22)-

35) **Règlement (CE) n° 851/2004 du 21 avril 2004, Journal officiel de l'UE 142/1 - 30 avril 2004 :** https://eur-lex.europa.eu/legal-content/NL/TXT/?uri=OJ:L:2004-:142:TOC

36) **Étude « Vaccine hesitancy among healthcare workers and their patients in Europe » (pdf) :** https://www.ecdc.europa.eu/en/publications-data/vaccine-hesitancy-among-healthcare-workers-and-their-patients-europe

37) **Commission européenne COM(2018) 244 final - 26 avril 2018 (pdf) :** https://eur-lex.europa.eu/legal-content/EN/ALL/?uri-=COM:-2018:-244:FIN

38) **Directive 2000/54/CE du 18 septembre 2000, Journal officiel de l'UE Pbl 362/21 17.10.2000 :** https://eur-lex.europa.eu/legal-content/NL/TXT/?uri=uriserv%3AOJ-.L2000.262.01.0021.01-.NLD&toc= OJ%3AL%3A2000%3A262%3ATOC

39) **Sommet mondial sur la vaccination - 12 septembre 2019 (site web) :** https://ec.europa.eu/health/vaccination/ev_20190912_nl

40) **Communiqué de presse du 12 septembre 2018 – « Vaccination : la Commission européenne et l'OMS unissent leurs forces pour promouvoir les avantages des vaccins » (site web *Europa Nu*) :** https://www.europau.nl/id/vl1uf5hr0tzl/nieuws/vaccinatie_europese_commissie

41) **Sommet mondial sur la vaccination – contexte, introduction (pdf), site web *de la Commission européenne* :** https://ec.europa.eu/health/vaccination/ev_20190912_nl

42) **Sommet mondial sur la vaccination – Table ronde 1 : « In vaccines we trust » (pdf) :** https://ec.europa.eu/health/vaccination/ev-201909-12nl

43) **Sommet mondial sur la vaccination Table ronde 3 site web *de la Commission européenne* :** https://ec.europa.eu/health/vaccination/ev_20190912_nl

44) **Rapport du Sommet mondial sur la vaccination (pdf) site web *de la Commission européenne* :** https://ec.europa.eu/health/vaccination/ev_20190912_nl

45) **Résolution WHA56.19 de l'OMS – 28 mai 2003, site web des archives de l'OMS – dans la liste :** https://apps.who.int/gb/archive/e/e_wha56.html

46) **EVENT 201 Coopération publique-privée pour la préparation et la réponse aux pandémies :** https://www.centerforhealthsecurity.org/event201/recommendations.html

47) **John Hopkins Center for Health Security – Déclaration – 24 janvier 2020 :** https://www.centerforhealthsecurity.org/news/center-news/2020-01-24-Statement-of-Clarification-Event201.html

48) **Règlement (UE) n° 1291/2013 du 11 décembre 2013 « Horizon 2020 » Journal officiel de l'Union européenne Pbl 347/104, - 20 décembre 2013 :** https://eur-lex.europa.eu/legal-content/NL/TXT/?uri=uriserv%-3AOJ.-L_.2013.347.01.0104.01.-NLD&toc= J%3AL%3A2013%-3A-347-%3ATOC

49) **Signature du PPP 5G le 17 décembre 2013 - site web *5Gppp* « Contract Preparation » :** https://5g-ppp.eu/contract

50) **Accord contractuel entre l'Union européenne et l'association 5G Infrastructure Association. Contrat daté du 17 décembre 2013, plus lien vers l'annexe « Technical Annex », 78 pages :** https://5g-ppp.eu/contract

51) **Association pour l'infrastructure IA 5G, liste comprenant notamment 11 entreprises internationales, site web *5Gppp* :**

https://5g-ppp.eu/5g-infrastructure-association-5g-ia-elects-its-boa-rd-and-continues-working-to-ensure-european-leadership-in-5g-development

52) **Site web *5Gppp*, « Parties to the 5G-PPP Collaboration Agreement » – 468 parties :** https://5g-ppp.eu/5g-ppp-collaboration-agreement liste : https://5g-ppp.eu/parties-to-the-5g-ppp-collaboration-agreement

51) **Rapport de suivi des progrès du 5Gppp – 2017 (pdf) :** https://5g-ppp.eu/annual-progress-monitoring-reports

52) **Décision de la Commission européenne du 21 mai 2008 – Harmonisation de la bande de fréquences 3 400 – 3 800 MHz (2008/411/CE) Journal officiel de l'UE 144/77 4.6.2008 :** https://eur-lex.europa.eu/legal-content/NL/TXT/?-uri=uriserv%-3A-OJ.L_.2008.144.01.0077.01.NLD&toc= OJ%3AL%-3°2008%3A-144%-3ATOC

53) **Décision d'exécution 2014/276/UE Journal officiel de l'UE Pbl 139/18 - 14 mai 2014 :** https://eur-lex.europa.eu-/legal-content/NL/TXT/-?uri=uriserv%3-AOJ.L-.014.139.01.0018.01.NLD&toc= OJ%3AL%3A-2014%-3A139-%3ATOC

54) **Une stratégie numérique pour l'Europe COM(2010) 245 – 26 août 2010 :** https: //www.eumonitor.nl-/9353000/1/j4nvhdfdk3hydzq-j9vv-ik-7m1c 3g-yxp/vikqhod6cfud

55) **« Les services de renseignement déplacent la station satellite de Burum à l'étranger » – Site web *Tweakers* - 2 décembre 2012 :** https://tweakers.net/nieuws/160636/inlichtingendiensten-ver-plaatsen-satellietstation-van-burum-naar-buitenland.html

56) **Lettre du ministre du 1er avril 2019 relative à la politique en matière de fréquences, document parlementaire n° 24095, n° 465 :** https://zoek.officielebekendmakingen.nl/kst-24095-465.html

57) **Lettre du secrétaire d'État du 11 juin 2019 relative à la politique en matière de fréquences, document parlementaire n° 24095, n° 478 :** https://zoek.officielebekendmakingen.nl/kst-24095-478.html

58) **Lettre du ministre du 1er juillet 2019 Mesures de protection des réseaux de télécommunications et de la 5G :** https://www.rijksoverheid.nl/documenten/kamerstukken/-2019/07/01/kamerbrief-maatregelen-bescherming-telecomnetwerken-en-5g

59) **Décision AMVB du 28 novembre 2019, Journal officiel 2019, 457 :** https://zoek.officielebekendmakingen.nl/stb-2019-457.html

60) **« Vodafone lance aujourd'hui la 5G dans la moitié des Pays-Bas » – *Algemeen Dagblad*, 28 avril 2020 :** https://www.ad.nl/tech/vodafone-lanceert-vandaag-5g-in-helft-nederland~a535cad4

61) **« La vente aux enchères de la 5G rapporte 1,23 milliard d'euros, mais aucune certitude quant au rôle de Huawei » – *Algemeen Dagblad*, 21 juillet 2020 :** https://nos.nl/artikel/2341423-5g-veiling-levert-1-23-miljard-euro-op-geen-duidelijkheid-over-rol-huawei.html

62) **Voir le numéro 55.**

63) **« The Road to 5G » – Barcelone, 2 mars 2015 Discours au Mobile World Congress :** https://ec.europa.eu/commission/presscorner/detail/fr/-SPEECH-15 4535

64) **« Stratégie pour un marché unique numérique pour l'Europe » COM(2015) 192 – 6 mai 2015 :** https://eur-lex.europa.eu/legalcontent/EN/TXT/?uri=celex-%3A52-015DC0192

65) **Communiqué de presse de la Commission européenne du 28 septembre 2015 « Accord historique entre l'UE et la Chine » :** https://ec.europa.eu/commission/presscorner/detail/es/-IP-155715

Voir également « Coopération internationale sur la 5G » – site web de l'Union européenne : https://ec.europa.eu/digital-single-market/en/5G-international-co-operation

66) **« Déclaration commune du 21e sommet UE-Chine » site web du Conseil européen – 9 avril 2019 :**

https://www.consilium.europa.eu/nl/press/-press-releases-/2019/04-/09/joint-statement-of-the-21st-eu-china-summit

67) **« 11 000 kilomètres de voies ferrées relient Amsterdam à la Chine » *Journal Trouw*, 6 mars 2018 :**
https://www.trouw.nl/nieuws/11-000-kilometer-spoor-verbindt-amsterdam-met-china~bc03e4f3

68) **Commission européenne COM(2016) 587 Bruxelles - 14 septembre 2016, « Vers une société européenne du gigabit » site web *EU Monitor* :**
https://www.eumonitor.nl/9353000/1/j9vvik7m1c3gyxp-/vk-7n6-211ha yv

69) **Résolution du Parlement européen du 1er juin 2017 Journal officiel de l'UE C 307/144 - 30 août 2018. « Société européenne du gigabit et 5G » :**
https://eur-lex.europa.eu/legal-conent/NL/TXT/?uri=uriserv%-3AO-J.C_.2018.307.01.0144.01.NLD&to c=OJ%3AC%3A-2018%3A307%-3ATOC

70) **Commission européenne COM (2017) 228 Bruxelles, 10 mai 2017, « Stratégie pour le marché unique numérique » (pdf) :**
https://ec.europa.eu/transparency/regdoc/?fuseaction=-list&n=-10-&ad v=0&coteId=1&year=2017&number=228&version=-F&date-From=&da teTo=&serviceId=&documentType-=&title=&titleLangua-ge=&titleSea rch=EXACT&sortBy=-NUMBER&sortOrder=DESC2017

71) **Conseil européen Conclusions Bruxelles, 28 juin 2016 site web *du Conseil européen* (pdf dans la liste) :**
https://www.consilium.europa.eu/register/nl/content/out?docum etate_from_date=&DOC_ID=&CONTENTS=&DOC_TITLE=&me eing_date_single_date=&DOC_SUBJECT=CONCL&meeting_dat e_toate=&MEET_DATE=&document_date_to_date=&i=ADV&do cment_date_single_comparator=&DOS_INTERINST=&ROWS =25&docuent_date_single_date=&ORDERBY=DOC_DATE+DES C&DOC_LANCD=NL&meeting_date_single_comparator=&DO C_DATE=&typ=SET&NRROWS=500&meeting_date_from_date= &RESULTSET=3

103) **Communiqué Paris, 10 et 11 février 1961 :** http://aei.pitt.edu/summit_guide.html

104) **Communiqué Bonn, 18 juillet 1961 :** http://aei.pitt.edu/summit_guide.html

105) **Conférence de Rome, 29 et 30 mai 1967 :** http://aei.pitt.edu/summit_guide.html

106) **Résolution du Parlement européen. Même fichier PDF que le n° 105, voir troisième page :** http://aei.pitt.edu/summit_guide.html

107) **Communiqué La Haye, 1er et 2 décembre 1969 – voir page 15 :** http://aei.pitt.edu/1451

108) **Mémorandum de la Commission. 19 novembre 1969 – voir page 16 :** http://aei.pitt.edu/1451

109) **Résolution du Parlement européen du 3 novembre 1969. Bulletin de la CE, 1969 – 12 page 94 :** http://aei.pitt.edu/64722

110) **Protection nécessaire contre les algorithmes nuisibles, *Computable*, 24 novembre 2020 :** https://www.computable.nl/artikel/nieuws/digital-innovation-/70-97658/250449/bescherming-nodig-tegen-schadelijke-algoritmen.-html

111) **La Norvège supprime la FM, au grand dam de nombreux utilisateurs, *Dagblad Trouw*, 5 janvier 2017 :** https://www.trouw.nl/nieuws/noorwegen-haalt-fm-uit-de-lucht-tot-onvrede-van-velen~bb38d7a7

112) **Rabobank investit dans de nouveaux moyens de paiement, *Computable*, 24 novembre 2020 :** https://www.computable.nl/artikel/achtergrond/digital-innovation-/7097620/1441691/rabobank-steekt-geld-in-nieuwe-betaalvormen.-html

113) **« Des acteurs privés et publics signent l'Alliance néerlandaise pour la cybersécurité », communiqué de presse du Coordinateur national pour le terrorisme et la sécurité, 28 mai 2018 :** https://www.nctv.nl/actueel/nieuws/2018/05/28/private-en-publieke-partijen-ondertekenen-nederlandse-cybersecurity-alliantie

114) **« Quatre projets d'extension du réseau de transports publics autour d'Amsterdam », *Het Parool*, 24 juin 2019 :** https://www.parool.nl/nieuws/4-plannen-om-het-ov-netwerk-rond-amsterdam-uit-te-breiden~b7da1975

115) **« Prolonger la ligne Nord-Sud jusqu'à Hoorn pour réduire la pression sur Amsterdam », 23 avril 2017 :** https://www.at5.nl/artikelen/168307/trek-noordzuidlijn-door-tot-hoorn-om-druk-op-amsterdam-te-verminderen

116) **« Autrefois démodé, le quartier Noord d'Amsterdam gagne en prestige », *New York Times*. 12 avril 2012 :** https://www.nytimes.com/2012/04/13/greathomesanddestinations/once-unfashionable-noord-district-of-amsterdam-gains-cachet.html

Annexe partie II

72. **Traité de Rome, Journal officiel des traités 1957, n° 91, 25 mars 1957 :**
https://zoek.officielebekendmakingen.nl/trb-1957-91

73. **Acte européen, Journal officiel 1986, n° 63 – 28 février 1986 :**
https://zoek.officielebekendmakingen.nl/trb-1986-63

74. **Traité de Maastricht, Journal officiel 1992, n° 74 – 7 février 1992 :**
https://zoek.officielebekendmakingen.nl/trb-1992-74

75. **Traité de Lisbonne, Journal officiel 2008, n° 11 – 13 décembre 2007 :**
https://zoek.officielebekendmakingen.nl/trb-2008-11.html

76. **Conseil européen « 50 ans de sommets », décembre 2011, site web *du Conseil européen* (pdf) :**
https://www.consilium.europa.eu/nl/documents-publications-/publications/history-european-council-fifty-years-summit-meetings

77. **Communiqué du sommet de Paris, 9-10 décembre 1974, site web Huygens Ing (pdf) :**
http://resources.huygens.knaw.nl/europeseintegratie/doc/S02734

78. **Rapport Davignon du 20 juillet 1970, Bulletin des Communautés européennes n° 11 – 1970, (pdf) page 9 et suivantes :**
http://aei.pitt.edu/64720

79. **Copenhague Rapport du 23 juillet 1973, Bulletin des Communautés européennes n° 9 – 1973 (pdf) page 12 et suivantes :**
http://aei.pitt.edu/56420

80. **Rapport de Londres du 13 octobre 1981, Bulletin supplément n° 3 – 1981 :**
http://aei.pitt.edu/1794

81. **Déclaration solennelle de Stuttgart, 19 juin 1983, Bulletin de la Communauté européenne n° 6 – 1983 (pdf) page 26 et suivantes :**

https://op.europa.eu/nl/publication-detail/-/publication/643f5ad7-6ad5-4b0d-846e-aafa5c0c4d02/language-nl/format-PDF/source-1775-96738

82. **Communiqué de la conférence des chefs d'État et de gouvernement, 1er et 2 décembre 1969 (pdf) :** http://resources.huygens.knaw.nl/europeseintegratie/doc/S01999

83. **Conférence de Paris, 19-21 octobre 1972, document parlementaire 12087, n° 1-2 :** https://zoek.officielebekendmakingen.nl/0000215910

84. **Conseil européen de Londres, 26-27 novembre 1981, Bulletin de la Communauté européenne n° 11-1981, page 7 et suivantes :** https://op.europa.eu/en/publication-detail/-/publication/0352e75e-c4c0-464f-91bd-2f0bc208443e

85. **Initiative germano-italienne 1981 – voir lien n° 84, « Bulletin », page 97 et suivantes.**

86. **« Réactivation de l'Union européenne » – voir lien n° 84 Bulletin page 10 et suivantes.**

87. **Résolution du Conseil du 22 mars 1971 Journal officiel de l'UE n° JO C 28/1, 27 mars 1971 :** https://eur-lex.europa.eu/legal-content/NL/TXT/?uri=uriserv%-3AO-J.C.-1971.028.01.0001.01.NLD&toc=OJ%3AC%3A1971%-3A028%-3A-TOC

88. **Résolution du Conseil du 21 mars 1972 Journal officiel de l'UE n° Pb C 38/3 18 avril 1972.**

89. **Conclusions du Conseil européen de Brême des 6 et 7 juillet 1978 (pdf) voir liste :** https://www.consilium.europa.eu/nl/european-council/conclusions/1992-1975

90. **Conclusions du Conseil européen du SME, 5 décembre 1978 (pdf) :** https://www.consilium.europa.eu/nl/european-council/conclusions/1992-1975

91. **Lettre du ministre du 21 août 1978, Système monétaire européen, document parlementaire 15132, n° 1 :**
https://zoek.officielebekendmakingen.nl/0000186216

92. **Conférence de presse Bremen Bulletin of the EU EC 6 – 1978 (pdf), citation à la page 21 :**
http://aei.pitt.edu/64627

93. **Proposition de règlements – 27 octobre 1978 Journal officiel de l'UE, n° Pb C 266/5, 10 novembre 1978 :**
https://eur-lex.europa.eu/legal-conent/NL/TXT/?uri=urisrv%3AOJ.-C.1978-.266.01.0005.01.NLD&toc=OJ%3AC%3A1978%3A266%3AT-OC

94. **Débat à la Chambre des représentants, 30 novembre 1978, compte rendu page 1928 et suivantes :**
https://zoek.officielebekendmakingen.nl/resultaten?q=(c.product-area==-%22sgd%22)and((dt.type==%22Handelingen%22)and(w.dat umVergadering%253e=%221978-11-30%22)and(w.datumVergade-ring%253c=%-221978-11-30%22))&zv=&col=Handelingen&hist=1

95. **Motion Patijn/Woltgens/Van der Hek du 30 novembre 1978, document parlementaire 15132, n° 7 :**
https://zoek.officielebekendmakingen.nl/resultaten?q=(c.product-area==%-22sgd%22)and((dt.type==%22Document parlementaire-%22)and(w.dossi ernum-mer==-%2215132%22)and(w.ondernum-mer==%227%22))-&zv=&col= Document parlementaire-&hist=1

96. **Règlement (CEE) n° 3180/78 du 18 décembre 1978, n° Pb L 379/1, 30 décembre 1978 :**
https://eur-lex.europa.eu/legal-content/NL/TXT/?uri=uriserv%-3AOJ.L_.-1978.379.01.0001.01.NLD&toc=OJ%3AL%3A1978%-3A3-79%3ATOC

97. **Règlement (CEE) n° 3181/78 du 18 décembre 1978, n° PbL 379/2, 30 décembre 1978 :**
https://eur-lex.europa.eu/legal-con-tent/NL/TXT/?uri=urisrv-%3A-OJ.L_.1978.379.01.0002.01.NLD-&toc=OJ%3AL%3A1978%3A3 79%-3ATOC

98. **Décision du Conseil des gouverneurs, 13 mars 1979, n° 12/79, site web *de la BCE*, voir la liste (pdf) :** https://www.ecb.europa.eu/home/search-/html/index.en.html?-searc h=12%2F79

99. **Règlement (CEE) n° 907/73 du 3 avril 1973, JO L 89/2 du 3 mars 1973 :** https://eur-lex.europa.eu/legal-content/NL/TXT/?uri=uri-serv--%3A-OJ.L_.1973.089.01.0002.01.NLD& toc=OJ%3AL%3A-1973%3A-089-%3ATOC

100. **Règlement intérieur de 1958, 18 mars 1958 (pas de traduction néerlandaise), site web *du CVCE* :** https://www.cvce.eu/en/obj/provisional_rules_of_procedure_of_the_eec_council_18_march_1958-en-4b933714-294e-45dc-abee-26bcdc4aaa63.html

101. **Règlement intérieur du Conseil (79/868/CECA, CEE, Euratom) JO L 268/1, 25 octobre 1979 :** https://eur-lex.europa.eu/legal-content/NL/TXT/?uri=OJ:-L:1979:-268:TOC

102. **Traité de fusion Bruxelles, 8 avril 1965 Journal officiel 1965, n° 130 en vigueur depuis le 1er juillet 1967 :** https://zoek.officielebekendmakingen.nl/trb

www.ingramcontent.com/pod-product-compliance
Lightning Source LLC
LaVergne TN
LVHW010758051026
849532LV00007B/2403
* 9 7 8 9 0 8 3 6 6 0 9 0 5 *